时代楷模

2023

空军航空兵某团飞行二大队

奋飞新时代的空中铁拳

本书编写组

学习出版社

图书在版编目（CIP）数据

时代楷模. 2023. 空军航空兵某团飞行二大队 /《时代楷模·2023——空军航空兵某团飞行二大队》编写组编. -- 北京：学习出版社，2023.12

ISBN 978-7-5147-1225-4

Ⅰ. ①时… Ⅱ. ①时… Ⅲ. ①空军－航空兵－先进集体－先进事迹－中国 Ⅳ. ①K820.7

中国国家版本馆CIP数据核字（2023）第176535号

时代楷模·2023——空军航空兵某团飞行二大队

SHIDAI KAIMO · 2023——KONGJUN HANGKONGBING MOUTUAN FEIXING ERDADUI

本书编写组

责任编辑：沈潇萌　阮彩艳
技术编辑：朱宝娟

出版发行：学习出版社
北京市崇外大街11号新成文化大厦B座11层（100062）
010-66063020　010-66061634　010-66061646
网　　址：http://www.xuexiph.cn
经　　销：新华书店
印　　刷：北京市密东印刷有限公司

开　　本：710毫米×1000毫米　1/16
印　　张：9
字　　数：112千字
版次印次：2023年12月第1版　2023年12月第1次印刷

书　　号：ISBN 978-7-5147-1225-4
定　　价：30.00元

目录

报道·视角

舆论·反响

评论·观点

视频·链接

人物档案

空军航空兵某团飞行二大队组建于 1950 年 11 月，是中国空军首批组建、首支参战、首立战功的轰炸航空兵大队，曾在抗美援朝战争中取得辉煌战绩。“全摧毁、零战损”的光辉战绩，首开人民空军航空轰炸作战样式先河。

新时代以来，该大队官兵以习近平新时代中国特色社会主义思想为指导，深入贯彻习近平强军思想，坚持党对人民军队的绝对领导，贯彻新时代军事战略方针，紧跟空军战略转型步伐，常态围绕“人民空军党缔造、人民空军忠于党”开展教育，听党话、为党飞的信念深植官兵内心。该大队坚持以战斗力标准为牵引，探索优化人才培养模式，推动作战能力融入联合体系，总结多套战法，在近似实战环境中得到验证并在部队推广，以实际行动在祖国蓝天镌刻了一条加力奋飞的时代航迹。2023 年 6 月，中共中央宣传部向全社会宣传发布空军航空兵某团飞行二大队先进事迹，授予他们“时代楷模”荣誉称号。

报道视角

锻造新时代的空中铁拳

——空军航空兵某团飞行二大队因战而生、向战而行

金正波

走进空军航空兵某团飞行二大队荣誉室，两篇特殊的“战地日记”格外引人注目——

“我们飞机上的炸弹离开了弹舱，整个机群近百枚重磅炸弹像长了眼睛一样飞向敌人的指挥机构。”这是一场载入史册的战斗：1951 年 11 月 6 日，飞行二大队首批飞行员驾驶 9 架轰炸机奔赴抗美援朝战场上空，临空轰炸敌情报指挥机关，首开人民空军航空轰炸作战样式先河。

“伴随着发动机响彻天际的轰鸣声，战机拔地而起，沿着预定航线飞向目标区域。”这是一次惊心动魄的远飞：2019 年下半年，飞行二大队飞行员张成梁驾驶轰 –6K 战机战巡远海，有力威慑，迫使非法行动的外方船只驶离我海域。

不同的任务，相同的使命，跨越半个多世纪，诉说着飞行二大队因战而生、向战而行的铁血荣光。从抗美援朝一战成名，到新时代上高原、跨远洋、出岛链，飞行二大队勇担使命、精武强能，捍卫国家主权安全的信念历久弥坚，换羽转型乘风高飞的航迹不断延伸。

■ 1951 年 11 月 6 日，首次执行轰炸大和岛任务前，空军航空兵某团飞行二大队首任大队长韩明阳（前排左一）作战前动员

为党奋飞——“飞得越远，感觉自己的心离祖国越近”

飞行二大队有一面照片墙，以时间为轴，详细记录了他们执行重大任务的影像。

从褐色的无边大漠，到白色的雪域高原，再到一片远海深蓝……蓝色，逐渐成为照片里的主色调。

“大队发展就像战机航行，穿云破雾、越飞越远，靠的是清晰的领航规划！”从飞行二大队一步步成长起来的副团长、时任大队长李晓松深有感触，强军 10 年，飞行二大队牢记领袖嘱托，坚决听党指挥，励精图强，在维护国家主权、安全、发展利益的航程上不断奋飞。

2014 年 4 月 14 日，习主席到空军机关调研，指出“空军是战略性军种，在国家安全和军事战略全局中具有举足轻重的地位和作用”，并提出“加快建设一支空天一体、攻防兼备的强大人民空军”的战略目标。

殷殷嘱托，催人奋进。2014 年 6 月，飞行二大队踏上改装转型之路，官兵坚持学习室、模拟机、飞机座舱“三点一线”苦练精飞，一本本技术资料被翻到卷边，上千个参数指标烂熟于心。

2015 年 2 月 16 日，习主席视察空军航空兵某团，指出“要胸怀强军兴军目标，思想政治要过硬，坚决听党指挥，做到搏击长空心向党、飞行万里不迷航；打仗本领要过硬，加强实战化训练，确保关键时刻上得去、打得赢；战斗作风要过硬，发扬一不怕苦、二不怕死的精神，敢于冲锋陷阵，敢于迎战强敌”。

飞行二大队深刻领悟统帅号令，深入开展“坚定决心为国巡航、不忘初心逐梦远航”专题教育，引导飞行员把稳“方向舵”、握牢“驾驶杆”。同时，结合使命任务，推动改装训练由技术向技战术同步训练转变，跑出实战能力生成的“加速度”。

2015 年 8 月，改装轰 –6K 战机后飞越巴士海峡；2016 年 7 月，赴黄岩岛等岛礁附近空域巡航；2018 年 5 月，完成夜间绕飞台岛巡航……在团训练中心有一面巨大的地图，上面详细标注了飞行二大队这些年的航迹。

人民空军党缔造，人民空军忠于党。飞行二大队武控师陈昊说：“必须做到‘战机听我的话，我听党的话’。”

2022 年年初，飞行二大队飞行员穆特发·艾利第一次执行某远海战巡任务就遭遇对手。双方越来越近，近到可以看清对方战机的挂载。尽管耳机里不断传来告警声，屏幕提示被雷达跟踪照射，穆特发·艾利始终手握驾驶杆稳稳操纵着战机，密切监控着对方一举一动，直至对方驾机离开。

面对危险怕不怕？“飞得越远，感觉自己的心离祖国越近。不管风险再大，只要一声令下，我们都会义无反顾起飞。”穆特发·艾利的回答铿锵有力。

党的十八大以来，飞行二大队官兵深入学习贯彻习近平强军思想，铸牢铁血忠诚的政治品格，锻造制衡强敌的硬本领，快速成长为一支重要的空中战略性进攻力量，先后被党中央、国务院、中央军委联合表彰，被所在战区评为备战打仗先进典型，被空军授予集体一等功。

向战而行——
“千百次砥砺刀锋，只为关键时刻一击即中”

“刚抵达预定空域，就发现外方船只拖曳着长长的浪花，在我海域游弋。机组当即申请下降高度进行驱离。”说起那一次执行远海任务，张成梁记忆犹新。

2000 米、1000 米、900 米……屏显上数据不断跳动，战机持续降低高度，海面上翻滚的波浪逐渐清晰可见。飞机 30 余米长的机翼在低空气流扰动下，带动机身剧烈抖动起来。

张成梁紧握驾驶杆，努力保持战机平稳，机组成员则操作设备对外方船只进行取证。很快，感受到威慑压迫的外方船只悻悻驶离。

“机翼下是万家灯火。一声令下，能不能上得去、打得赢？”返航当天，张成梁一遍遍追问自己。

“起飞就是迎敌，升空就是作战！”飞行二大队大队长张斌说，大队始终坚持把备战打仗作为第一要务，紧盯科技之变、战争之变、对手之变，大力推进战训耦合、体系练兵、科技练兵，加快推进军事训练转型升级，全面提高实战能力。

“武控师与飞行员的协同不够好”“没有把握好目标的距离，驾机跃升早了 5 秒”……2017 年 8 月中旬，空军某试训基地评估室内，一场辣味十足的复盘会正在进行。

看架势，这是一次打靶失利后的检讨反思。但令人意外的是，在刚刚结束的打靶任务中，飞行员取得了全部命中的好成绩。

“100% 的命中率不等于 100% 的战斗力，任务完成了不代表能力提升了。”时任副团长吴晓东一语中的，“千百次砥砺刀锋，只为关键时刻一击即中。虽然任务中验证了多个高难课目，但是对新武器全功能的开发、战术战法的研究还不够深入，必须紧贴实战要求，不断丰富载机的战术动作和制导方式。”

这次实弹打靶中，按照“进驻即实战”的原则，打靶前不探靶标靶区情况、不搞适应性训练。首次参加打靶的飞行二大队武控师郭燕峰，发射导弹击中了靶架横梁。虽然摧毁了靶标，按照评估标准也取得了满分成绩，但偏离了靶心 1 米。郭燕峰认真复盘自己的机载视频，剖析查找问题，说道：“实战中 1 米的误差就可能导致目标轰炸不能实现。”

因战而生，向战而行。天空，是生长英雄的地方——

1951 年，飞行二大队组建不到 1 年就奔赴朝鲜战场，当时大队人均飞行经验不到 20 小时，每人拍了一张 2 英寸黑白照片，便慨然飞赴战场。

如今，年轻一代的飞行员接过先辈火炬，矢志强军目标，走实训之路、练胜战之功。“战机是人民空军的佩剑，我们一定能做到飞得远、突得进、炸得准、打得赢。”飞行二大队官兵说。

勇蹚新路——
“现在上联天、下联海，飞得更踏实了”

海天一色，天际线似乎触手可及。一场海上多兵种体系对抗演习打响——

飞行二大队多名飞行人员领衔出战，驾驶多架轰–6K战机雷霆出击。起飞不久，就和兄弟部队的预警机、歼击机、干扰机等多型战机一体组网编队，前往大洋深处砺刃，联合海上舰船对目标实施打击。

进入某空域，机组迅速协同干扰机布下“电磁走廊”，锁定目标、快速发射。捷报传来：导弹准确命中目标！

深入研究信息主导、联合制胜等现代战争机理，在融入“大体系”中练对抗、练融合。武控师夏胜鹏说：“现在上联天、下联海，飞得更踏实了。”

从轰–6K战机列装到快速形成战斗力再到推进体系练兵，飞行二大队勇蹚新路，在强军兴军征程上潜心砺剑、自我超越。

2014年，飞行二大队列装轰–6K战机，从此告别临空轰炸的单一作战方式，探索远程精打的新路径。

从临空轰炸到远程精打，升级的不仅是装备，更是思维。李晓松掷地有声：“我们不能躺在功劳簿上睡大觉，必须尽快形成战斗力。”

打破“先会飞再会用”的传统模式，确立“列装一批、培养一批、成形一批”的改装思路，能飞与能战一起抓；针对技术难点进行专项研究，梳理总结出数十条改进措施；利用模拟飞行器、战术仿真系统试飞论证，再实飞验证，提升改装效率……一杆一舵地练，一关一关地闯。首批改装人员不到3个月，就提前完成改装任务；首飞不到10个月，就前出第一岛链遂行远海任务。

在飞行二大队，听到很多“不可能变为可能”的故事，也听到很多敢于尝试的“第一次”。

那年，团里领受某型导弹试打任务。当时导弹配套的航迹规划系统刚刚起步，没有经验可以借鉴。面对挑战，大队官兵向团党委递交了请

■ 空军航空兵某团飞行二大队飞行员驾机带弹起飞，飞赴任务空域（王宇龙　摄）

战书：1个月后试射。

时任教导员张鑫回忆起往事甚是感慨："凭啥？全凭一股闯劲！如果只是按部就班地干，等不来今天的战斗力！"大队全员上阵、分组攻关，从导弹数据、毁伤效果等全过程精算、全链条深研，圆满完成了试射任务。

摸清多型新质弹药作战效能，研究提出的百余条设备改进意见被工业部门采纳；苦熬数月研发出高空投弹计算软件，将投弹命中率提高近20%；率先展开夜间轰炸射击等实战化课目训练……飞行二大队以强烈的使命感，勇于改革创新，闯出了一条战斗力快速成长的转型之路。

为战育人——
"让年轻人上！牺牲整体战斗力的金牌，宁可不要"

大漠戈壁，风吹走石。一枚导弹高速袭来。电光石火间，靶标爆发出刺眼的亮光，10余米的烟尘飞溅而起。

一次高原投弹演习，武控师陈昊与战友突破重重兵力拦阻，成功运用某型导弹打击预定目标。这是陈昊首次发射导弹。这次实弹射击，不仅帮助他完成了能力素质的蜕变，也使他成为团里最年轻的有过导弹打靶经验的武控师。

"年轻飞行员的成长，离不开老同志的言传身教。"面对荣誉，陈昊充满感激。

长长的履历表、满满的军功章，见证了空军特级飞行员魏孝纲30年辉煌的飞行事业。2017年，他从领导岗位上退下来，做回一名普通飞行员，负责飞行教学工作，依旧初心不改，“如果祖国需要，我愿一生飞行”。

张斌经常带着教官骨干和新队员一起进行训练准备、飞模拟机、复盘总结。每天8点至10点，他会准时坐在大队战法研究室，对年轻飞行员进行基础理论和飞行技术的重点强训。

……

缩短新队员成长周期，快速提高技战术水平。飞行二大队按照打仗标准培养人才，以中队为单元，按老、中、青3个年龄层次编组训练，通过任务牵引、以老带新的形式帮助年轻飞行人员快速拔节成长。

70余年前，大队刚组建时，上级明确要求“加速飞行员的训练，争取早日参加战斗”。不到1年，他们就参加了抗美援朝作战。时至今日，“早日参加战斗”依然是大队为战育人的座右铭。执行重大任务，坚决摒弃“比武竞赛凑尖子”“大项任务用老不用新”，只要符合条件，就大胆使用。

2016年6月，部队受领某型导弹海上实弹打靶任务，是让老尖子上力保命中，还是让年轻人扛大梁？大队党支部研究后一致决定：“让年轻人上！牺牲整体战斗力的金牌，宁可不要。”最终，多名年轻骨干出色完成任务，大队技战术水平得到整体提升。

这两年，大队实战化训练不断向全领域、全系统、全弹种拓展，飞行人员多次参加南海战巡、岛礁巡航等重大任务；空军“金飞镖”检验性考核，年轻飞行员邹松言斩获突击最好成绩；改装以来，大队先后为兄弟单位输送近30名飞行骨干……更科学的训练计划，更清晰的培养路径，让年轻人加速成长。

党的十八大以来，空军以创新驱动军事训练改革转型，对接实战要求，着眼能力提升重构训练格局，组训空间向海上、高原、夜间、电磁等多维度延伸，部队训练模式不断实现“版本升级”。飞行二大队官兵正加力奋飞、搏击长空，阔步踏上光荣与梦想的新征程。

《人民日报》2023 年 6 月 20 日

向着新的胜利，奋飞

——空军航空兵某团飞行二大队锻造空中铁拳纪事

黄　明　刘济美　高玉娇

盛夏，南海。

碧海汪洋之上，数架中国轰 -6K 战机编队飞行，如离弦之箭，飞临远海，射向深蓝……

这是空军航空兵某团飞行二大队新一批飞行员的首次远海飞行训练，也是飞行二大队的一次常态飞行训练。

70 余年前，这支人民空军首批组建、首支参战、首立战功的轰炸航空兵大队，在大和岛上空临空轰炸，首开人民空军航空轰炸作战样式先河。

70 余年血脉荣光，不懈奋飞。

战巡南海、前出西太、绕岛巡航……进入新时代，在习近平强军思想指引下，这支部队勇担使命、矢志强军，在人民空军战略转型的壮阔征程上换羽高飞，飞出了不断延伸的时代航迹。

作为军事斗争准备中的空中铁拳，他们先后被党中央、国务院、中央军委联合表彰，被所在战区评为备战打仗先进典型，被空军授予集体一等功。

向远海，扛起新时代赋予的使命

一面以轰 -6K 战机为主角的照片墙，在一个个光影定格的瞬间，记录下一段段奋飞的航迹——

与大漠同框、与雪原同框、与远海同框，褐色、白色、蓝色……以时间为轴的背景颜色变化，记载了飞行二大队执行重大任务的一次次影像，见证的是航迹之变，更映射出打赢能力之变。

飞出去、向远海，是新时代人民空军转型跨越的写照，也是飞行二大队书写的时代答卷。

这段充满光荣与梦想的航程，靠的是清晰的领航与擘画。

2014 年 4 月 14 日，习主席到空军机关调研，指出“空军是战略性军种，在国家安全和军事战略全局中具有举足轻重的地位和作用”，并提出“加快建设一支空天一体、攻防兼备的强大人民空军”的战略目标。

号令催征。2 个月后，飞行二大队改装轰 -6K 战机。

轰 -6K 战机作为中远程轰炸机，作战半径大、载弹量大，具备较强的防区外精确打击能力，被军事爱好者誉为“战神”。

从最老旧轰炸机改装到最新型轰炸机，意味着什么？“飞行二大队从此告别临空轰炸的单一作战方式，开启空中远程精确打击新路径的探索。”副团长、时任大队长李晓松深知改装难度。

唯一的“捷径”，是苦练精飞。

面对全新升级的信息化系统，首批改装人员不到 3 个月，就提前完成改装任务；首飞不到 7 个月，即执行南海战巡任务；首飞不到 10 个月，就前出第一岛链遂行远海任务……

■ 空军航空兵某团飞行二大队飞行员驾机滑出（吴龙飞 摄）

2015 年 2 月 16 日，习主席视察驻西安部队，提出思想政治要过硬、打仗本领要过硬、战斗作风要过硬，并登上轰炸机、坐进驾驶舱。

千里之外，正处在轰 –6K 战机改装转型关键期的飞行二大队官兵，热血沸腾。

风好正是扬帆时。面对乘时代洪流而至的科技之变、战争之变、对手之变，他们结合使命要求和改装实际，跑出实战能力生成的“加速度”。

2015 年 8 月，改装轰 –6K 战机后飞越巴士海峡；2016 年 7 月，赴黄岩岛等岛礁附近空域巡航；2017 年 12 月，与歼击机、侦察机等成体系飞越对马海峡；2018 年 5 月，完成夜间绕飞台岛巡航……

这份亮眼的“成绩单”，是飞行二大队官兵的奋飞航迹，更是淬火之路。

李晓松、王建岭、李锐，都曾任飞行二大队大队长，他们还有个共同铭记的日子——2015 年 8 月 14 日。

那一天，他们奉命分别驾驶轰 -6K 战机前出巴士海峡，赴西太平洋开展远海远洋训练。

飞至远海，护航的歼击机就返回了。“继续前行的孤独感是空前的，有一种‘千里走单骑’的感觉。”李晓松至今难忘。

面对外军军机的层层逼近和干扰，他们突破第一岛链 1000 余公里，创造了人民空军当时飞行时间最长、远海距离最远等多项纪录。

那一天，距离部队改装开飞还不到 1 年。

中流击水，勇进者胜。在一次次奋飞中，飞行二大队加速转型——

从最初的轰 -6K 战机单型单批，到今天成体系常态化出击，通往未来战场的体系制胜之路愈发明晰。

从千里走单骑式的“孤勇者”到体系支撑下的“国之重器”，飞行时间超过 6600 小时的飞行教官魏孝纲见证了飞行二大队的“蝶变”。

“保持好恰当的迎角，时代会给你向上的托举！”大队长张斌介绍，在一次次斗争锤炼中，飞行二大队逐渐实现了作战能力由近海向远海、由单元向体系、由昼间向全时的跃升。

这些年来，飞行二大队官兵用羽翼丈量祖国山河，先后 140 余人次飞向远海，在维护国家主权、安全、发展利益的航程上不懈奋飞！

向胜利，用打赢去诠释忠诚

什么样的轰炸机机组才能赢得胜利？飞行二大队官兵的答案是一致的：飞得远、突得进、打得准。

而打赢之路，并非坦途。

2020 年，作为曾经的“金飞镖”得主，飞行二大队却在参加当年空军“金飞镖”考核时表现不佳。

原来，他们在航线规划上仍停留在传统的人工计算，难以适应瞬息万变的战场环境。

“失败让我们意识到，必须顺应时代之变、对手之变、科技之变。”武控师张九木带领大家研发出高空投弹计算软件，将投弹命中率提高近20%。

翌年，空军“金飞镖”考核，飞行二大队再次夺冠。

越己者，恒越。唯有敏锐捕捉时代脉搏，才能无限逼近未来战场。

那年，在一场多力量协同的联合演练中，时任大队长王建岭按计划驾驶轰-6K战机出航，与预警机、歼击机等一起前出，然而，他尚未抵达预定阵位就落败出局。

复盘时，王建岭发现，自己被干扰，未能及时感知态势，径直闯入“敌”防空火力圈……

“作战体系的重要性，已经远远超过了作为武器平台的战机。”王建岭对空中任务指挥有了更深的认识。

副大队长张成梁每执行完一次联合训练任务，对“体系”的认识就更进一步：一体组网、实时感知、全域联合，作战效能倍增。

“现代战争太复杂，实战是什么样子？没有人能给出准确答案。”大队长张斌认为，必须借助高科技手段，让战法研究向未来作战要求延伸。

一个普通的小楼，如今已成为大队官兵集智创新攻关、革新训练模式的前沿“基地”。一个个创新战法与作战概念，从这里走向演训场和重大行动任务。

军人的使命在战场。

2022年，在一次赴巴士海峡的体系训练中，指挥员问了飞行二大

■ 空军航空兵某团飞行二大队大队长张斌（左）在塔台指挥训练（余红春 摄）

队一个问题：真正的战争来临时，你在哪里？扮演什么角色？

这个问题，飞行二大队官兵思考至今："战争形态不断演进，轰炸机在作战中的角色也在不断变化，谁能敏锐感知、付诸行动，谁就会赢得主动。"

"没有一成不变的胜利，只有不断的创新突破。"大队长张斌一语道出了飞行二大队官兵的心声，"坚决完成党交给的任务，用打赢的实际行动诠释我们的忠诚。"

向未来，为建设世界一流空军接续奋飞

在飞行二大队空勤楼左侧的文化墙上，雕刻着 24 个以"首"字开头的词语：首建新功、首装首夺、首用必胜……

每个"首"字，都代表着党和人民的期许与信任，也承载着过往的

辉煌与时代的责任。

红色血脉的传承，是飞行二大队官兵飞向未来的永恒动力。

“我的转型从 45 岁开始……”已经飞了 30 年的魏孝纲 2017 年从领导岗位卸任，回到飞行二大队继续担任飞行教官。这一次，他比以前更专注飞行研究，助推着年轻的“后浪”追赶时代浪潮。

曾经，作为新飞行员的李晓松，用了足足数年才成长为一名副驾驶。如今，黄诚等一批年轻飞行员，实现这一目标只用了 200 多天。

奔跑，是飞行二大队官兵的唯一姿态。

近年来，大队以中队为单元，按老、中、青 3 个层次编组训练，通过任务牵引、以老带新帮助年轻飞行人员快速拔节。

2022 年年初从飞行学院毕业的黄诚，在报到第 3 天就参加了战法研究团队。在他看来，自己一抬腿迈进飞行二大队，就处于“奔跑的状态”。

武控师陈昊同样感受着时代的“厚遇”。

一次赴高原组织投弹演习，某型导弹试射的任务被交到陈昊手中。他与战友突破重重兵力拦阻，成功打击预定目标，还和战友们推算出一套非标准大气条件下的修正公式，显著提升打击精度。

“作为空中进攻力量，未来战场上，我们必须做到‘一发导弹定乾坤’！”陈昊介绍，参加此次实弹射击任务的，2/3 是和他一样年轻的 95 后武控师。

这群年轻的飞行人员，正在用坚强的臂膀拥抱时代、扛起责任。

一场多兵种体系对抗演练中，年轻飞行员穆特发·艾利不分昼夜滚动出击。10 余小时后，虽然身体和心理已逼近极限，但战场的“味道”却让他兴奋不已：“真实战场的强度，或许就是这样。”

一次海上实兵演习中，针对外军舰机挑衅，原大队长李锐按照上级指令迅即“训转战”，集群编队紧密协同、临机构势、提前占位，迫使对方转向。

当年轰炸大和岛的一等功臣刘绍基在听到这些年大队的成绩后，倍感欣慰：“飞行二大队敢打必胜的雄风仍在！”

今天，大和岛作战的光荣传统依然雕琢着这群平均年龄只有 29 岁的新时代飞行员——向着胜利奋飞，是他们不变的航向。

大鹏一日同风起，扶摇直上九万里。

2022 年 10 月发布的《强军十年大事记》，记录了他们的成长与跨越：“2017 年，空军出动轰 -6K、苏 -30、歼 -11 和侦察机、预警机、加油机等多型多架战机，实施‘绕岛巡航’等训练课题，锤炼提升维护国家主权和领土完整的能力”。

在强军十年的宏大叙事中，作为重大事件参与见证者的飞行二大队官兵，乘着时代的长风，奋飞在迈向世界一流的航程上。

巡航在祖国的海疆上空，轰 -6K 战机机翼下的座座岛礁，在浩瀚碧海间勾勒出祖国的轮廓。

海天一色。

“我在战机怀中，祖国在我心中。”来自天山脚下的穆特发 · 艾利说，每次巡航，当陆地越来越远，眼前只剩下一水儿的湛蓝时，“祖国”两个字便升腾在心里，愈发清晰。

对于团政委秦建华而言，每天看着一架架轰 -6K 战机接续起飞，他都会觉得，这是团里平凡的一天，也是人民空军迈向世界一流空军征程中不平凡的一天……

新华社广州 2023 年 6 月 19 日电

奋飞新时代的空中铁拳

空军党委

一个飞行大队，因为一张图表和一张照片，两次在网络上引发关注——

一张关于抗美援朝战争中我空军对大和岛作战行动的图表上，“目标全部摧毁”的战绩令网友振奋不已。1951 年 11 月 6 日，大队飞行员驾驶 9 架战机，临空轰炸敌情报指挥机关，“整个机群近百枚重磅炸弹，像长了眼睛一样飞向敌人”。

在一张轰 -6K 战机与台湾岛中央山脉合影的照片中，祖国宝岛天际线与展翅翱翔的国产新型战机，被网友称为“最动人的同框照”。2019 年下半年，大队飞行员驾驶轰 -6K 战巡远海，以有力威慑迫使非法行动的外方船只驶离我海疆。

这个飞行大队，就是空军首批组建、首支参战、首立战功的轰炸航空兵大队——空军航空兵某团飞行二大队。时间跨越半个多世纪，任务不同，但精神不改。新时代以来，飞行二大队以习近平新时代中国特色社会主义思想为指导，深入贯彻习近平强军思想，圆满完成南海战巡、前出岛链、绕台岛飞行等重大任务，成为海上方向军事斗争准备的空中铁拳。2023 年 6 月 20 日，中共中央宣传部向全社会宣传发布他们的先进事迹，授予该大队“时代楷模”称号。

核心领航：思想旗帜凝聚强军志气

党的领导和党的建设是人民军队建设发展的关键，关系强军事业兴衰成败，关系党和国家长治久安。

人民空军党缔造，人民空军忠于党。无论是大队的光辉战斗史，还是主战装备转型发展史，飞行二大队的每一道航迹背后，都写满了忠诚。70 多年前，这个大队听从党的号令，组建不久就飞赴抗美援朝战场，首次参战就取得“全摧毁、零战损”的辉煌战绩，开创人民空军轰炸作战样式先河。党的十八大以来，大队官兵深入学习贯彻习近平强军思想，紧跟改革强军和空军转型发展步伐，着力打通战训耦合新路径，“由空到天”向高处拓展，“由陆到海”向远处延伸，参与书写了装备国产新型轰炸机轰 –6K 的历史，成为新时代一支重要的空中战略进攻力量。

习主席视察空军轰炸航空兵某团时强调，要胸怀强军兴军目标，思想政治要过硬，坚决听党指挥，做到搏击长空心向党、飞行万里不迷航；打仗本领要过硬，加强实战化训练，确保关键时刻上得去、打得赢；战斗作风要过硬，发扬一不怕苦、二不怕死的精神，敢于冲锋陷阵，敢于迎战强敌。殷殷嘱托，催人奋进。飞行二大队深刻领悟统帅号令，深入开展“坚定决心为国巡航、不忘初心逐梦远航”专题教育，常态开展“强军为什么？强军强什么？强军怎么办？献身国家、献身国防、献身强军事业”的教育实践活动，引导飞行员把稳方向舵、握牢驾驶杆。

在飞行二大队，思想武装第一要务就是深入学习习主席重要讲话，演习演练第一流程就是重温习主席训令，应急应战第一环节就是领悟统帅号令。同时，结合使命任务深学深研、活学活用习近平强军思想，推动改装训练由技术向技术战术同步训练转变，飞出实战能力生成的“加速度”。大队武控师陈昊说：“必须做到‘战机听我的话，我听党的话’。”

陈昊 2018 年从学校毕业进入飞行二大队，第一年就完成了自己的首次实弹轰炸。“当时我有些自鸣得意。”陈昊回忆说，“后来我们开展了关于聚焦实战、对接实战的学习。我恍然意识到，当时完成轰炸的条件在实战中是很难存在的，自以为是只会在实战中失掉机会。”现代战争中，突破封锁临空轰炸几乎不可能，必须实现在临空电磁干扰下命中目标。“实战中 1 米的误差就可能导致目标轰炸不能实现。”思想是行动的先导，学习习近平强军思想，让陈昊在认识上和训练中都有了更大的进步。那段时间，他一有机会就向老同志请教导弹攻击经验，模拟练习操作要领。终于，4 年后的一场实战化演练中，面对复杂电磁环境干扰，陈昊成功运用某型导弹摧毁目标。

飞行二大队有一面照片墙，以时间为轴，详细记录了飞行员们执行重大任务的影像。照片的背景颜色不断变化，褐色的是大漠，白色的是高原，蓝色的是海洋。颜色之变，见证着不断延伸的航迹，映射出不断提高的能力。从大队一步步成长起来的副团长、时任大队长李晓松感慨道：“强军 10 年，大队发展就像飞机航行，穿云破雾、越飞越远，靠的是清晰的领航规划！”

在思想旗帜的指引下，飞行二大队立下了“祖国利益所至，我们航迹必达”的铮铮誓言。第一次出岛链飞行归来，大队飞行员看到任务消息引起国际国内关注热议，对自己所在的空军战略军种有了更加深刻的认识，对一举一动彰显党的意志、一机一弹关乎斗争全局有了更切身的体会。大队官兵坦言，这次任务不仅让大家在航迹航程和作战能力上有了新跨越，更在政治领悟和思想认识上有了新提高。

牢记领袖嘱托，坚决听党指挥，拥护“两个确立”，做到“两个维护”，飞行二大队全体官兵以思想旗帜凝聚强军志气，在维护国家主权、安全、发展利益的航程上不断奋飞。

换羽启航：奋进转型锤炼胜战底气

2014 年 4 月 14 日，习主席视察空军机关时提出了“加快建设一支空天一体、攻防兼备的强大人民空军”的战略目标。号令催征，闻令而动。两个月后，飞行二大队整建制换装轰 -6K 战机。

轰 -6K 战机具备远程奔袭、大区域巡逻、防区外精确打击能力，相比上一代战机，动力系统、航电系统、操纵系统已发生质的变化。面对科技之变、战争之变，飞行二大队冷静认识形势，科学分析情况，先于装备换代做足思想准备和知识储备，力争缩短战斗力生成周期，让新装备的换装期成为战斗力提升的黄金期。

大队官兵全身心投入训练，凭着一股“争上游”的劲头苦练精飞。坚持学习室、模拟机、飞机座舱“三点一线”，直到把一本本技术资料翻到卷边，将上千个参数指标烂熟于心。从最大速度到最小阵位，从最大载荷到最远航程，一项项积累数据、一点点探索边界。凭着这股韧劲，飞行二大队首批改装人员不到 3 个月就完成全部改装并担负战备任务，首飞不到 7 个月执行了战巡南海任务，首飞不到 10 个月前出西太平洋遂行远海任务。

换装转型关键在于实战能力要有质的提升。飞行二大队深入开展“研究战争、研究战场、研究对手，找敌我差距、找敌人命门、找克敌绝招”的“三研三找”活动，着眼未来远程打击“快、远、精、准”需求探索能力阈值，在一次次斗争锤炼中逐步实现作战能力由近海向远海、由单元向体系、由昼间向全时段跃升。制胜强敌差距有多大？与昨天比进步有多大？犹如海燕能够敏锐感知暴风雨，身处一线的大队飞行员深知，胜战唯有争分夺秒！他们以中队为单元，按老、中、青3个年龄层次编组训练，通过任务牵引、以老带新等方式，帮助年轻飞行员快速拔节，推动整体实力迅速提高。

然而，取得胜利往往不是一帆风顺、轻而易举的，总是少不了波澜起伏、经历风雨。飞行二大队作为领先改装的部队和往届空军“金飞镖”得主，却在近年一次“金飞镖”考核中惨遭垫底。这让他们认识到，尽管装备性能优越，但如果思维理念、核心能力跟不上，照样打败仗。就比如航线规划还依赖传统人工计算，难以适应瞬息万变的战场环境。为了让任务规划更科学、更精准，大队武控师张九木带领战友苦熬数月编程建模，研发出高空投弹计算软件。官兵们又利用上高原、赴戈壁、飞远海等时机，收集大量不同地域、不同气象条件下的数据，滚动修正、更新版本，让高空投弹计算时间缩短80%、命中率提高近20%。

功夫不负有心人。接下来的一次实弹打击课题任务中，飞行二大队一击制胜。喜悦之余，大队官兵并没有满足。如何才能将导弹射击经验固化推广？他们与科研院所专家联手攻关，开发出一套VR辅助训练系统，促进飞行经验转化、训练方式革新，大大提高了训练效果。

飞行二大队把打磨的功夫下在平时，积极投身联合训练、对抗训练，常态与舰艇、常导、地导、雷达等兵力进行互为条件训练，不断打破自己的“小闭环”，融入联合的“大体系”。飞行员文献臣用一架拼好的飞机模型形象地比喻：“一个作战单元就像一块积木，不能只想自己是什么形状，还要看模型拼接需要什么形状。得不断打磨自己，让自己成为作战体系中即插即用的单元，才能适应未来的战场。”2021年8月，一场多兵种体系对抗演习在南海某空域打响，大队多名飞行员领衔出战。起飞不久，大队机组就和预警机、歼击机、干扰机通联编队，联合海上舰船对目标实施打击。飞抵发射阵位后，机组接到预警机发来的目标数据，迅速协同干扰机布下“电磁走廊”，锁定目标、快速发射、准确命中。

从轰-6K战机列装，到快速形成战斗力，再到推进体系练兵，飞行二大队在强军兴军征程上换羽启航，在奋进转型中锤炼胜战底气。

为国巡航：向强制强砥砺血性胆气

习主席强调：“我军历来以敢打敢拼闻名于世，过去我们钢少气多，现在钢多了，气要更多，骨头要更硬。”进入新时代以来，飞行二大队叫响“祖国利益高于一切、战斗胜利高于一切、军人荣誉高于一切”，先后140余人次飞向远海，战斗在捍卫祖国和人民利益的第一线。

海天亮剑，因为心怀祖国毫不畏惧。回望这些年的战斗航迹，大队飞行员感触最深的就是“飞得越远，感觉祖国离自己的心越近”。2015年8月，改装轰-6K战机后，大队飞行员前出巴士海峡赴西太平洋开展远海训练。面对环境的极大未知、条件的多变复杂，面对外军多批多架战机抵近跟踪干扰的严峻敌情，时任大队长李锐冷静从容，带领机组按计划展开训练，创造了当时轰-6K战机飞行时间最长、前出距离最远等多项纪录。2018年5月，为震慑“台独”分子嚣张气焰，飞行二大队依令执行夜间绕台任务。茫茫暗夜，不时有对手抵近干扰。大队飞行员保持高度不变、航向不偏，按照既定航线坚定绕飞，宣示国家主权，彰显钢铁意志。

打仗硬碰硬，训练必须实打实。飞行二大队深刻认识到，军事训练实际上是未来战争的预演，是提高实战能力的重要途径和抓手。他们主动自我加压，在训练中设危局、摆险局、加难局，持续加大含战量、难度值，把海上长途超低空奔袭、最低气象条件起降、远海突防突击等一批险难课目练成了“家常饭”，在挑战自我、突破极限中磨炼意志、熔铸血性——

一次多兵种体系对抗演练中，飞行员穆特发·艾利不分昼夜滚动出击，连续作战 10 多个小时，挑战自己身体和心理极限；

一次空军突防突击考核比武中，时任大队长王建岭的机组遭遇开局失利后，仍然以逼近飞机性能极限、逼近心理生理极限、逼近编队协同极限的速度，突破密集的防空火力和电子拦截，与战友夺得空军“金飞镖”比赛团体第一名；

一次处置外方船只位我海域侵权挑衅时，飞行员张成梁不顾低空气流扰动带来的安全风险，驾驶战机逼近极限，超低空掠海飞行。战机持续降低高度，海面上翻滚的波浪逐渐清晰可见，30 多米长的机翼在气流扰动下剧烈抖动。张成梁以精湛的技术保持战机平稳，机组成员抓紧操作设备取证留存，强力威慑压迫外方船只四散驶离；

一次海上实兵演习时，针对外军舰机挑衅，大队按照上级指令迅即“训转战”，集群编队、紧密协同，临机构势、提前占位，迫使对方转向；

……

每一次远航都是对血性胆气的检验，每一次亮剑都是对战斗精神的砥砺。在听到这些年大队的战斗事迹后，当年参加轰炸大和岛的一等功臣刘绍基欣慰地感叹：“飞行二大队敢打必胜的雄风依旧！”在人民空军战略转型的壮阔征程上，飞行二大队留下了新时代的光辉航迹，2018 年被党中央、国务院、中央军委联合表彰，2019 年被所在战区评为备战打仗先进典型，2020 年荣立集体一等功。

■ 空军航空兵某团飞行二大队飞行员驾机飞越雪山

紧紧围绕能打仗、打胜仗，叱咤蓝天、为国巡航的飞行二大队，在实战化军事训练和现实军事应对中，锤炼“空中拼刺刀”的血性铁骨，激扬向战而行、血战到底的英雄气概。

逐梦远航：奋勇前行永葆青春锐气

使命让青春绽放荣光，奋斗使青春更加出彩。习主席指出：“千百年来，青春的力量，青春的涌动，青春的创造，始终是推动中华民族勇毅前行、屹立于世界民族之林的磅礴力量！”

飞行二大队历史上首批执行任务的飞行员平均年龄不足 22 岁，人均战术飞行不到 20 小时。就是这群年轻战士，飞上了抗美援朝战场，创造了辉煌战绩。

历史的天空回荡着青春的交响。就在 2023 年的一次应对行动中，面对逼近干扰，飞行二大队任务机组始终保持既定航向，迫使对方悻悻离开。执行这次任务的机组成员都是90后。1999年出生的飞行员黄诚说："青春是什么形状，取决于你把它安放在哪儿。"

24岁的黄诚和飞行教官魏孝纲是一对师徒。魏孝纲1973年出生，1992年开始学习飞行，"驾龄"比黄诚的年龄还大。完成夜航训练，魏孝纲顾不上休息，马不停蹄找黄诚讨论起"计算机模拟轰炸机突防雷达网"问题。这是师徒俩训练的日常。作为大队最老、最新的两名飞行员，尽管年龄相差近30岁，但两人亦师亦友。黄诚从魏孝纲身上学到精湛的技术、良好的习惯和严谨的作风，而魏孝纲也常常从见识广博、思维活跃的黄诚身上获得启发和鼓舞。

魏孝纲和黄诚这对师徒，是飞行二大队新老传承、锐气不减的缩影。

在飞行二大队，两代人有着同样的青春力量。2014年大队改装时，年逾40的武控师夏胜鹏不服老，面对家人朋友"还有几年就停飞了，现在改装图个啥"的劝说，坚持与年轻队员一道从头学起。2023年春天，大队4名改装不到1年、平均年龄22岁的飞行员，成功完成首次高原实弹投射任务，全部正中靶心。

大队长张斌赞叹，近10年，他们与"战神"轰-6K战机共同书写了强军故事的精彩开篇，以后的10年、20年甚至更远的未来，年轻一代官兵将乘着新时代强军的东风加速奋飞。

把强军梦想融入青春，飞行二大队始终葆有敢于"吃螃蟹"的锐气、勇于蹚新路的朝气。面对换装任务时，大队全员在短时间内闯过数据、程序、协同、特情"四大关口"，超前完成任务。换装后首次新机实弹打靶，顺利突防、精准命中。2021年，飞行二大队受领某型导弹首次试射任务。面对前所未有的挑战，这群平均年龄不到29岁的青年官兵没有任何人退缩。大队官兵联名向团党委递交请战书、立下军令状

“1 个月后试射”！大队全员上阵、分组攻关，综合导弹性能、毁伤效果、评估检验等数据，全过程精算、全链条深研，不仅短时间圆满完成试射任务，而且培养了一批“导弹通”。“全凭一股闯劲！”时任大队政治教导员张鑫回忆这段经历时说，“年轻队伍的可贵之处就在敢闯敢拼，锐不可当”。近年来，飞行二大队保持“勇当领跑者”的姿态，率先展开夜间轰炸射击等实战化课目训练，把坡度压到最大、实弹打到边界、远海飞到尽远，打仗的铁拳越攥越紧、越挥越有力。

青春不仅朝气蓬勃，青春还敢做梦、敢逐梦、敢于实现梦想。飞行二大队官兵深入钻研轰炸机发展史、未来趋势等理论知识。飞行员王蕾说：“作为维护世界和平的一种武器，轰炸机发展成为全球最有效也是最为可怕的武器之一。事实上，在现代国际竞争中，轰炸机是大国博弈的重要武器支撑之一。我们这代飞行员，必须有能力承担起这份‘时代的载荷’。”年轻的战士们不仅追逐时代的脚步，更引领时代的步伐。武控师黑永宝是一位飞行模拟游戏高手，他抓住训练模式转型的契机，开发出一款模拟训练软件，极大提升了训练效益。

强军之道，要在得人。习主席指出：“要把培养干部、培养人才摆在更加突出的位置，着力锻造忠诚干净担当的高素质干部队伍，着力集聚矢志强军打赢的各方面优秀人才。”今天，强军兴军的接力棒交到了新时代青年官兵手中。飞行二大队和广大青年官兵主动扛起属于新一代人的使命，坚决听党话、跟党走，以勇于担当的拼搏精神，全面提高新时代备战打仗能力，锤炼克敌制胜硬核本领，确保在党和人民需要的时候拉得出、上得去、打得赢，为实现建军一百年奋斗目标贡献力量，为全面建设社会主义现代化国家保驾护航。

《求是》2023 年第 21 期

奋飞新时代的空中铁拳：空军航空兵某团飞行二大队

空军航空兵某团飞行二大队是有着光荣历史、卓著战功的英雄部队，是奋飞军事斗争一线、捍卫国家主权安全的空中铁拳，是“搏击长空心向党、飞行万里不迷航”的杰出代表。

空军航空兵某团飞行二大队是人民空军首批组建、首支参战、首立战功的轰炸航空兵大队，曾在抗美援朝战争中取得辉煌战绩。新时代以来，该大队官兵以习近平新时代中国特色社会主义思想为指导，深入贯彻习近平强军思想，坚持党对人民军队的绝对领导，贯彻新时代军事战略方针，紧跟空军战略转型步伐，常态围绕“人民空军党缔造、人民空军忠于党”开展教育，听党话、为党飞的信念深植官兵内心。该大队坚持以战斗力标准为牵引，探索优化人才培养模式，推动作战能力融入联合体系，总结多套战法在近似实战环境中得到验证并在部队推广。该大队全面加强练兵备战，发扬斗争精神，敢于亮剑长空，圆满完成南海战巡、前出岛链、绕台岛飞行等多次重大任务，被誉为“奋飞新时代的空中铁拳”，被空军评为“四铁”先进基层单位、先进基层党组织，荣立集体一等功 1 次。

空军航空兵某团飞行二大队的先进事迹，生动体现了在以习近平同志为核心的党中央领导下，新时代强军事业取得的历史性成就、发生的历史性变革，深刻反映了人民军队传承红色基因、赓续红色血脉的光荣传统，集中展示了全军部队学习强军思想、建功强军事业的时代风貌。在全党全军全国各族人民深入学习贯彻习近平新时代中国特色社会主义思想和党的二十大精神，团结奋进强国建设、民族复兴新征程之际，中央宣传部向全社会宣传发布空军航空兵某团飞行二大队先进事迹，授予他们“时代楷模”荣誉称号。

《求是》2023 年第 13 期

执剑巡天踏云霄

——感受空军航空兵某团飞行二大队官兵的青春力量

康子湛　李建文　岳雨彤　王文彬

这次训练很寻常——

华南某机场，一架轰 -6K 战机直冲云霄。对于空军航空兵某团飞行二大队飞行员来说，驾驶“战神”乘风而起的场景每天都会发生。

这次训练也不寻常——

一个驾驶舱内，坐着两代人：50 岁的魏孝纲和 24 岁的黄诚。魏孝纲倍感欣慰，身边这名首次担任副驾驶的“新飞”，成熟干练、坚毅自信；黄诚则深受鼓舞，身旁这位“老飞”在战位上的奋斗状态，常让年轻人自愧不如。

虽是两代人，却有着同样的青春力量。2022 年，黄诚从院校毕业，被分到该大队不到 1 个月就参与战法研究课题，很快成长为副驾驶。

“去燃烧、去追逐、去奋斗，青春才没有遗憾。”黄诚说，“青春是什么形状，取决于你把它安放在哪儿。”

1992 年开始学习飞行的魏孝纲，驾龄比黄诚的年龄还大。改装轰 -6K 战机时，魏孝纲已经 43 岁，对他来说，这更像一次“换羽新生”。

为尽快掌握新战机性能，魏孝纲将相关参数编成口诀，没事就在嘴边念叨。为记录飞行感受和学习心得，他的航理学习本已写满10多本。

“虽已不再年轻，但我渴望飞翔。”魏孝纲说，“岁月能改变我的容颜，却不会消磨我前进的勇气。”

铁打的营盘中，回荡的始终是青春的交响。走进新时代，该大队官兵在习近平强军思想引领下，日复一日拼搏奋斗，始终朝气蓬勃。

青春，是一种“到中流击水，浪遏飞舟”的浩然之气——

改装新机型，大队全员以强烈的使命感、责任感，勇于创新、敢于超越，闯出一条战斗力加速生成的转型之路，实现了从跟跑到并跑再到领跑的跨越。

短时间内，大队全员闯过数据、程序、协同、特情“四大关口”，超前完成改装任务。换装3个月，担负战备任务；换装不到1年，远飞西太平洋，创造了多项纪录；换装后首次新机实弹打靶，顺利突防、精准命中……

青春，是一种“有志者奋斗无悔”的冲锋姿态——

改装新机型那年，该大队武控师夏胜鹏40多岁。家人朋友劝他：“还有几年就停飞了，现在改装图个啥？”但他不甘就此“着陆”，与年轻同志一道从头学起。飞行员李民兴患病后，医生表示“再飞已不现实”。术后归队，他不断挑战身体极限，历经13个月终于驾机重返蓝天……

青春，是“在实现民族复兴的赛道上奋勇争先”的使命担当——

该大队官兵人手一本《世界轰炸机发展史》，书中这样写道：“轰炸机自诞生以来，因其航程、载弹量的独特优势，一直是大国博弈的重要支撑。”在飞行员王蕾看来，这是他们这一代飞行员必须承担的时代“载荷”。

■ 空军航空兵某团飞行二大队飞行员进行乐器弹奏（余红春　摄）

作为飞行模拟游戏高手的武控师黑永宝，恰好踏上训练模式转型的节拍。他开发的一款模拟训练软件，极大提升了训练效益。维吾尔族飞行员穆特发·艾利自小就向往像雄鹰一样振翅高飞，这几年，他的航迹早已延伸到远海大洋上空。他说："将个人梦想融入强军梦，才能找到青春的最佳打开方式。"

一次应对行动中，面对对方逼近干扰，该大队任务机组始终保持既定航向，对方无奈悻悻离开。不为人知的是，那次任务机组成员均为90后。

"驾驶战机，我们代表的就是中国。"黄诚说，青春很短暂，但当奋斗的青春融入时代的洪流，那一张张被历史定格的青春面庞，就成为永恒。

时代之问，以青春作答；脚下之路，靠青春开创。

前不久，该大队4名改装经验不到1年、平均年龄22岁的飞行员，成功完成首次高原实弹投射任务，全部正中靶心。

"新时代十年，我们与'战神'共同书写了强军故事的精彩开篇。"大队长张斌说，未来，他们将用绚烂的青春，继续迎着新时代强军浪潮加速奋飞。

《解放军报》2023年6月22日

“战神”驭风上九天

——探寻空军航空兵某团飞行二大队锻造空中铁拳的精神密码

李建文　康子湛　岳雨彤　唐　俊

夏日的格尔木高原，沙尘遮天蔽日。

茫茫沙幕中，两架轰 –6K 战机盲投数十枚炸弹，精准打击目标后顺利返航……空军航空兵某团飞行二大队官兵训练再次实现突破，创造多个首次。

一代人有一代人的长征，一代人有一代人的担当。

70 多年前，在抗美援朝战场上，该大队老一辈飞行员不畏强敌、奋勇作战，形成了“首战用我、不畏强敌、奋勇作战、不辱使命”的优良传统。

进入新时代，该大队在习近平强军思想指引下，勇担使命、矢志强军，在人民空军战略转型的壮阔征程上换羽高飞，飞出不断延伸的时代航迹。

今天，让我们一起走近这支人民空军首批组建、首支参战、首立战功的轰炸航空兵大队，探寻他们锻造新时代空中铁拳的精神密码。

血脉传承
"首"字当头，践行"三个高于一切"的初心使命

"'英雄一号'，我是'灯塔'，可以执行任务。""'灯塔'，'英雄一号'坚决完成任务！"

1951 年 11 月，在抗美援朝战争中，组建不到 1 年、人均战术飞行经验不到 20 小时的该大队首批飞行员驾驶 9 架图 –2 轰炸机，以"全摧毁、零战损"的辉煌战绩，首开人民空军航空轰炸作战样式先河。

"我是中国空军，不要干扰我的行动，否则后果自负！"

2015 年 8 月，改装轰 –6K 战机的该大队飞行员，首次前出巴士海峡赴西太平洋开展远海训练。面对外军军机逼近干扰，他们突破第一岛链 1000 余公里，创造了人民空军当时飞行时间最长等多项纪录。

不同的历史细节，相同的基因血脉。记者走进该大队空勤楼，首先映入眼帘的是一面浮雕文化墙。

浮雕正中央，是一个遒劲有力的"首"字。首建新功、首用必胜……24 个以"首"字打头的词语，无声彰显着该大队从大和岛首战首胜后，接续创造的一项项纪录、铸就的一个个辉煌。

"'首'字当头，是我们大队自组建之日起，融入血脉的作风传承，更是战火硝烟中熔铸出的鲜明标志。"该大队教导员周霄羽告诉记者，新时代新征程，他们坚决听党指挥、矢志奋斗强军，在长期战训实践中凝结出"祖国利益高于一切、战斗胜利高于一切、军人荣誉高于一切"的精神内核。

"首"是披荆斩棘、不畏艰险，是勇蹚新路、探索未知。前些年，大队换装轰 –6K 战机。面对全新升级的信息化系统，该大队首批飞行

■ 空军航空兵某团飞行二大队飞行员准备夜间飞行（王宇龙　摄）

员不到 3 个月完成改装，首飞不到 7 个月执行战巡任务，首飞不到 10 个月前出第一岛链遂行远海任务。

2021 年 5 月，空军突防突击考核在某海域上空打响，以该大队飞行人员为主体的 4 个轰 -6K 战机机组领命出征。时任大队长王建岭机组因故推迟起飞，当所有人认为夺冠无望时，王建岭机组以逼近战机性能极限、逼近心理生理极限、逼近编队协同极限的速度高度，突破密集的防空火力和电子拦截，与其他机组精准协同，勇夺空军"金飞镖"比赛团体第一名。

善闯新路、勇建新功，该大队官兵一次次站上新的起跑线。近年来，他们率先展开夜间轰炸射击等实战化课目训练，实弹打到边界、远海飞到尽远……

坚决维护国家主权、安全、发展利益，这个承载千钧之重的命题，对这支部队来说，实实在在、近在眼前。

那一年，时任大队长李锐奉命驾驶轰-6K战机凌晨起飞，从巴士海峡前出，自南向北首次在夜间绕飞台岛。拂晓将至，李锐望向舱外，岛上山脉绵延起伏，若隐若现。宝岛紧紧依偎在祖国母亲怀中，机组成员心中的豪迈之情油然而生：“无数次，我们反复说着‘荣誉、使命、责任’。到了这片空域，才发现它们是那么具体、那么生动，几乎触手可及。祖国山河，每一寸都不能丢！”

天空，是生长英雄的地方。该大队官兵说，每一次执行这样的飞行任务，感受广阔空域、万里海疆，他们都心潮澎湃，“这种自豪感和价值感，千金难买”。

勇担使命
风浪越大，胜战本领要越过硬

“起飞！”随着一声令下，该大队飞行员驾驶数架轰-6K战机相继滑出跑道、起飞，消失在云海深处。

“此次飞行，是例行性出岛链远海远洋训练。”塔台指挥员、该大队大队长张斌告诉记者。

如今，这样的飞行训练，对他们来说再平常不过。但正是这样的一天又一天，叠加出人民空军不断延伸的航迹。

“有时候，打破思维的‘岛链’比冲破地理的‘岛链’更难。”张斌说。

2014年4月14日，习主席到空军机关调研，提出“加快建设一支空天一体、攻防兼备的强大人民空军”的战略目标。从此，人民空军迈上战略转型的快车道，以该大队为代表的空军轰炸航空兵部队走上历史舞台。同年6月，该大队换装轰-6K战机，官兵把视线投向更高更远的天空。

2015年2月16日，习主席视察空军轰炸航空兵某团，提出思想政治要过硬、打仗本领要过硬、战斗作风要过硬的战略要求。统帅的殷切嘱托，成为该大队转型奋飞的强劲动力。

“大队发展就像飞机航行，穿云破雾、越飞越远，靠的是清晰的领航规划！”回忆强军十年，该团副团长、时任大队长李晓松说。

伴随着越飞越远的航迹，该大队官兵有了更多思考：制胜强敌，把握有多大？与昨天比，进步有多大？身处斗争一线的该大队飞行人员对世界剧变、战争演进，有着更深切的体会和忧患。

大队武控师张九木随身携带的飞行平板里有个特殊的图片库，里面是一个个对手的空中影像，每张照片的背后都是一次遭遇、一次斗争。他常翻着照片警示年轻官兵：“风浪越大，本领越要硬！”

胜战，唯有争分夺秒！该大队深入开展“研究战争、研究战场、研究对手，找敌我差距、找敌人命门、找克敌绝招”的“三研三找”活动，着眼未来远程精确打击“快、远、精、准”需求探索能力阈值，在一次次斗争锤炼中逐步实现作战能力由近海向远海、由单元向体系、由昼间向全时段跃升。

飞出去、向深蓝……在新时代强军实践中，该大队官兵在习近平强军思想指引下，奋飞过去没有飞过的航线，抵达过去没有到过的空域。

时代托举
身后有强大的祖国，心中就多了胜战的底气

“犯我中华者，虽远必诛！”

该大队副大队长张成梁的飞行日志中，记录着他2019年8月执行

的一次海上维权任务。

■ 空军航空兵某团飞行二大队飞行员驾机升空开展实战化训练（王文彬　摄）

“我不是一个人在战斗！”张成梁壮志凌云，“那次任务，我们在体系战力支撑下，赴远海、飞大洋，怎能不气冲霄汉！”

“从单型单机到多型多架，再到今天的成体系常态化巡航，我们的轰炸机不但有了‘带刀护卫’，更有了飞得更远、打得更准、战斗力更强的体系支撑。”多次出岛链执行任务的张成梁感慨，“现在成体系远海远洋训练含战量越来越高，我们钢多气盈骨更硬了。”

2021 年 10 月，第 13 届中国航展上的一幕，深深印在飞行员宋波的脑海里：在空军武器装备静态展示现场，运 -20、空警 -500、轰 -6K、红 -9B 等一大批空军主战装备威武列阵……

“身后有强大的祖国，心中自然就多了胜战的底气。”该大队领导说，新时代十年，党和国家事业取得辉煌成就，国防和军队建设实现跨越式发展，官兵驾驶战机越飞越远、越飞越自信。

人民空军成立 73 周年纪念日前夕，空军轰炸机飞行员一句“谁还不在自家院子转转”的巡航感受，燃爆网络。

“转转”二字看似云淡风轻，但只有和该大队飞行员有一样经历的人，才能感受到其中的底气和决心：压倒一切困难，战胜一切挑战！

“强大的祖国是我们共同的依靠，而我们是祖国可靠的铠甲。”一次，该大队飞行员黄诚随队执行夜航任务。夜空静谧、明月高悬，轰-6K战机宽大的机翼下，城市璀璨的霓虹、江河点点的灯火、村庄温暖的亮光，构成一幅安宁幸福的画面。那一刻，黄诚紧握驾驶杆，内心无比充盈坚定……

《解放军报》2023年6月21日

蓝天铸忠诚　奋飞新时代

——空军航空兵某团飞行二大队转型跨越锻造空中铁拳纪事

康子湛　李建文　岳雨彤　张　雷

航空兵的每一次出征，都伴随着雷霆万钧的轰鸣。仔细倾听，那是每一颗心与时代的共振共鸣。

——题记

夏日，南海上空，战机轰鸣，响彻海天。

迎着海风，驾驶轰 -6K 战机，空军航空兵某团飞行二大队又一批年轻飞行员完成了他们的远海飞行任务。

2012 年，轰 -6K 战机首次飞抵这片海域，在中国空军历史上书写了浓墨重彩的一笔。如今，这样的远海飞行，已成为该大队年轻飞行员的“寻常一课”。

时代扑面而来，转瞬即为历史。十年间，该大队官兵加力奋飞，快速成长为一支重要的空中战略力量。在这群年轻的飞行员看来，他们的每一次转型、跨越，都是时代塑造的“大手笔”。

2014 年 4 月 14 日，习主席到空军机关调研，提出“加快建设一支空天一体、攻防兼备的强大人民空军”的战略目标。同年 6 月，该大队踏上改装轰-6K战机之路。轰-6K战机信息化程度高，具备远程奔袭、大区域巡逻、防区外精确打击能力，是中国空军部队向战略空军转型的标志性装备之一。

大鹏一日同风起，扶摇直上九万里。该大队官兵坚决听从统帅号令，筑梦远航、矢志强军，驾驶轰-6K战机飞越大洋、飞越高山、飞越经纬，警巡东海、前出西太、绕岛巡航，被所在战区评为备战打仗先进典型，被空军授予集体一等功。

蓝天铸忠诚，奋飞新时代。乘着新时代长风高飞远航，该大队官兵的奋斗足迹伴随着中国空军的飞行航迹，不断向前、向远延伸……

逐梦前行　御风展翅
“生逢伟大的新时代，我们要以更精彩的表现承载梦想，在海天之上留下壮美航迹”

飞行员魏孝纲没想到，他和战友们的一小步跨越，不经意间创造了历史。

2022年10月发布的《强军十年大事记》，记录了他们的成长与跨越：“2017年，空军出动轰-6K、苏-30、歼-11和侦察机、预警机、加油机等多型多架战机，实施‘绕岛巡航’等训练课题，锤炼提升维护国家主权和领土完整的能力。”

作为这一宏大历史叙事背后的参与者和见证者，魏孝纲感叹：“生逢伟大的新时代，我们要以更精彩的表现承载梦想，在海天之上留下壮美航迹。”那一天，距离该大队改装轰-6K战机，刚好3年。

“大凡新命之诞生，新运之创造，必经一番苦痛为之代价。”正如革命先驱李大钊所言，许多事，不是一觉醒来就是明天那样简单。

“我们干了几十年没有干过的事，飞到以前从没飞到的地方，每前进一步都是在填补空白。”回望改装轰-6K战机之初，大队长张斌告诉记者，有太多的坎要过，太多的空白需要填补。

——改装新机型无异于重新“修学位”。从最大速度到最小阵位，从最大载荷到最大航程，大队官兵一项项积累数据、一点点探摸边界。

——奋飞新航迹要勇敢跋涉“无人区”。远海训练，目标空域陌生，甚至还存在通信盲区，大队官兵将海上长途超低空奔袭、最低气象条件起降、远海突防突击等一批险难课目练成了“家常饭”。

——手握新“佩剑”更需修炼“新剑法”。擅长数据分析的飞行员张成梁、武控师魏翔，牵头组成战法创新团队，仅一个协同方案就经历多次迭代升级。

“保持好恰当的迎角，时代会给你向上的托举！”张斌说，尽管跋涉的路途不平坦，但每次驾驶战机加力滑行跃上蓝天那一瞬间，感受无与伦比。

2015年2月16日，习主席视察空军轰炸航空兵某团，坐进轰-6K战机驾驶舱，了解装备性能，体验操作使用，提出思想政治要过硬、打仗本领要过硬、战斗作风要过硬的战略要求。

习主席的殷切嘱托，成为大队官兵矢志奋飞的强大动力。大家逐梦前行、御风展翅，开启了奋飞新时代的崭新航程。

2015年8月，改装轰-6K战机后飞越巴士海峡；2016年7月，赴黄岩岛等岛礁附近空域巡航；2018年5月，完成夜间绕飞台岛巡航，实现绕岛巡航模式新突破……

奋斗，是实现梦想的最佳途径。

那一年，大队受领某型导弹首次试射任务，没有经验可以借鉴。面对前所未有的挑战，大队官兵联名向团党委递交请战书，并立下军令状。

■ 空军航空兵某团飞行二大队飞行员开展模拟训练（余红春　摄）

“按部就班永远只是追赶者，敢于创新才能成为领航者。”时任教导员张鑫回忆，当时并没有硬性的时间规定，但大队官兵凭着一股闯劲，全员上阵、分组攻关，从导弹数据、毁伤效果、评估检验等全过程精算、全链条深研，不仅短时间内圆满完成试射任务，而且培养了一大批“导弹通”。

奋斗，是实现青春价值的最优选择。

出生于 1999 年的飞行员黄诚说，“推”人前进的，不仅是先进的战机，还有这个时代赋予的云水和长风。

潜心砺剑　转型重塑
“加速奋飞，我们与‘战神’一起成长”

时代与人，是一个永恒的命题。

当飞行二大队官兵将一个个“首次”收入囊中，他们猛然发觉，历史的笔锋此刻就擎在自己手中。

在一次远海训练中，飞行员张宏伟创造了多项训练纪录。训练归来，张宏伟在内心深处发出这样的追问：当历史张开双手的时候，是让时代塑造我们，还是我们勇敢地塑造时代？

时代洪流滚滚而来，面对科技之变、战争之变、对手之变，大队官兵潜心砺剑，用“加速”状态展翅翱翔、淬火加钢，锻造无坚不摧的空中铁拳。

不断创新突破，科技才是最强的引擎——

那年，大队官兵参加空军“金飞镖”考核。战机性能先进，但官兵在航线规划上还依靠传统的人工计算，难以适应瞬息万变的战场环境。

怎么办？向科技要战斗力。大队武控师张九木带领大家进行编程建模，苦干数月研发出某软件。现在借助该软件，计算时间大幅缩短，命中率显著提高。

学会融入体系、依托体系，才能铺设出通往未来战场的体系制胜之路——

一场海上多兵种体系对抗演习，飞行员文献臣驾机出战。起飞不久，他与多型战机编队，联合海上舰船对目标实施打击。进入某空域，文献臣并未急于出手，而是协同其他机型采取战术动作，随后锁定目标进行攻击。

“只有成为作战体系中即插即用的单元，才能适应未来战场。”走下演兵场，文献臣说，如今的作战态势图中，象征着协同力量的符号越来越多。作为体系中的一个重要节点，不能只想自己“怎么飞”，还要看体系需要自己“往哪儿飞”。

唯有摸清对手的软肋，才能瞄准真正的靶心——

2021年，飞行员李囿谕和武控师魏翔受领某型导弹海上实弹打靶任务。他们主动加压，改造靶标、加装设备，提高任务难度。

有些人不理解：何必自找麻烦？但李囿谕和魏翔有着自己的思考："真正的对手，并不是固定靶标。"

实弹射击如期而至。李囿谕和魏翔顶着巨大压力，一举摧毁海上目标。这次训练，他们不仅验证了该型导弹的性能边界，还为完善攻击方法积累了宝贵经验。

作家说，我们有两种看待时间大河的方式：一种是从过去，时间不知不觉地穿过此刻的我们，流向未来；还有一种比较猛烈，它迎面而来，从未来，你眼睁睁看着它穿过我们，消失于过去。

面对新时代的机遇和馈赠，飞行二大队官兵更明白如何把握历史趋势和发展大势。

一次体系对抗演习，时任大队长李锐与歼击机部队官兵交流，提出一个大胆设想。正是这一设想，让他们在随后的演习中一展身手，探索形成一套新战法。

一次实弹打击课题任务，大队官兵周密准备，一击制胜。喜悦之余，大队官兵并没有满足：如何才能将导弹射击经验固化推广？他们把目光投向了模拟训练，随后与科研院所专家联手攻关。前不久，一套VR辅助训练系统正式上线。

■ 空军航空兵某团飞行二大队开展日常飞行训练（王文彬　摄）

下一场战争是什么样子？在永恒的不确定性面前，没有人能给出准确答案。那么，我们能把握的是什么？

大队官兵用实际行动给出答案：没有永恒的胜利，只有不断奋飞突破。

“加速奋飞，我们与‘战神’一起成长。”二大队官兵在追求打赢的路上，敏锐捕捉时代变化，拼搏探索，磨砺胜战刀锋。

担当使命　为国巡航
“只要一声令下，即便有再多再大的危险挑战，我都会义无反顾地起飞”

在飞行二大队，一面照片墙引人注目。墙上，陈列着许多机组人员拍摄的照片。照片中，主角都是轰–6K 战机，但与它同框的景致却各不相同。

维吾尔族飞行员穆特发·艾利将镜头对准南中国海：“战神”翱翔在海天之间，黄岩岛像一颗巨大的蓝宝石镶嵌在碧波之中。

飞行员李晓松把取景框放在了西太平洋：天空与大海在远方连成蓝色巨幕，战机散射出银色微光，机身上鲜红的“八一”军徽格外夺目。

大队长张斌则用长焦镜头拍摄“战神”绕飞强积雨云，留下震撼人心的惊险瞬间……

万米高空，赋予了飞行员独特的开阔视野。一次执行巡航任务，魏孝纲向舱外望去，云海之上，依稀看到宝岛山脉绵延起伏，若隐若现。“那是我 30 余年的飞行生涯中，见过的最美风景。”魏孝纲说。

人们看到的是这支部队出航的雄姿，但难以体会任务背后隐藏的风险。

首次远海飞行的场景，让李锐难以忘怀。

2015年，李锐和战友驾驶轰-6K战机越过巴士海峡飞向深蓝——耳机里的无线电声音从嘈杂变得安静，航图只剩下一条灰白色的航线，什么地貌显示都没有……

“组织航空兵远海训练，是濒海国家空军的普遍做法，是国防和军队现代化建设的正常需要。因为当时我们是第一次飞，有关国家不习惯，也不理解我们的意图，表现得相当警惕。”和李锐同机执行任务的一位战友回忆说。

战机飞抵巴士海峡不久，便有外方战机抵近跟踪。最近时，双方间距不过百米。

对方不断干扰，我方战机始终保持高度不变、航向角度不偏，继续巡航。很快，对方驾机偏转航向，悻悻离开。李锐机组顺利穿越巴士海峡进入西太平洋，完成预定训练课目，创造了当时轰-6K战机飞行时间最长、远海距离最远等多项纪录。

如今，在新时代强军实践中，该大队已实现体系化、常态化远海训练——

身边的“战友”越来越多，从单一机种到多机种、多舰型联合出击；手头的“案例”越来越多，武控师张九木随身携带的飞行平板里，存储着许多空中影像，每张照片的背后都是一次历练、一次总结、一次提升。心中的底气越来越足，对每位飞行员来说，有力维护国家主权、安全、发展利益，从未像今天这样现实、直接。

前不久，张成梁与战友驾机执行任务。刚刚抵达预定空域，就发现几艘外方船只意图闯入我方海域，机组当即下降高度进行驱离。

战机屏显上，高度指示不断下降；海面上，翻滚的波浪清晰可见。张成梁紧握驾驶杆，保持战机平稳，机组成员则操作设备对外方船只非法行径进行取证。很快，感受到威慑压迫的外方船只驶离。

“机翼之下，守护的是祖国和平安宁。如今，飞出去成为常态。未来，我们会飞得更远！”该大队所在团领导感慨，轰–6K战机印在时代画卷上的飞行航迹，从某种程度上说就是民族复兴、国家富强在浩瀚海空上的投影。

在飞行二大队，官兵们有个独特的休闲方式——练习毛笔字。在他们看来，每临大事有静气，大飞机驾驶员操纵的是特殊作战平台，任何情况下都要沉着冷静。

一次任务归来，张成梁写下一幅作品：“乘风好去，长空万里，直下看山河。”

对于乘着新时代长风高飞远航的飞行二大队官兵来说，他们从这幅作品中，读出一种壮阔的英雄情怀。

《解放军报》2023年6月20日

和“战神”一起进阶！轰-6K战机飞行员的内驱力从何而来？

刘 妍 翁雷鸣 于雅倩 伍双林

南国初夏

空军航空兵某团机场

地面热浪涌动

伴随着发动机的巨大轰鸣声

数架轰-6K战机从耳边呼啸而过

草丛随风舞动出一道白光

青草的香气随之钻入鼻腔

2014年6月

空军航空兵某团飞行二大队改装轰-6K战机

70余年前

这支作为人民空军首批组建、首支参战、首立战功的

轰炸航空兵大队

组建不到1年即奔赴抗美援朝战场

以辉煌战绩

首开人民空军航空轰炸作战样式先河

进入新时代

大队紧跟空军战略转型步伐

在改革重塑中换羽高飞

闯出了一条战斗力快速成长的转型之路

如今

在这支飞行人员平均年龄只有 29 岁的英雄大队

这群驾驭着“战神”的年轻飞行员

传承着先辈荣光

冲锋在维护国家利益最前沿

像探索新装备的“性能边界”一般

在摸索、进步中挖掘着自己的潜能

日日精进

一次次向自己的“能力边界”发起挑战！

换装轰 -6K 战机，他们和“战神”一起进阶

毕业那年

带着“到军事斗争准备最前线”的志向

22 岁的张成梁以飞行技术第一名的成绩来到了

空军航空兵某团飞行二大队

正巧大队开始换装轰 -6K 战机

说到第一次从轰 -6 走上轰 -6K 战机的感受

他直言那是一种

“单车变摩托”的视觉冲击感

面对轰 -6K 战机所装备的

先进武器装备、数字化系统

副团长、时任大队长李晓松

组织大家在荣誉室重温

先辈“抓紧改装、早日参战”的故事

“当时先辈们面临的情况比现在要复杂得多，

我们必须向先辈学习，

加紧改装，早日形成战斗力！”

官兵们用力争上游的劲头

坚持学习室、模拟机、飞机座舱“三点一线”

苦练精飞

在他们夜以继日的奋斗下

首批改装人员

仅 3 个月就担负战备任务

首飞不到 7 个月就执行南海战巡

首飞不到 10 个月就前出第一岛链遂行远海任务

飞出去，意味着边界的延展

大队官兵在一次次飞行中积累数据

一点点摸透轰 –6K 战机的性能边界

而轰 –6K 战机也在不断迭代、升级、进化

在飞行员文献臣看来

尽管轰 –6K 战机和老一款轰炸机相比

外形没有太大区别

但其内核已经发生质的变化

不断进阶

是张成梁来到大队后的成长状态

■ 空军航空兵某团飞行二大队开展远海训练（王蕾　摄）

一晃近 10 年
从一名新飞行员
成长为如今的机长
他的理论水平和飞行技战术能力
得到快速提高
大漠、高原、海洋……
他的航迹也随着轰 -6K 战机加速拓展
2023 年 1 月
他成为师里最年轻的副大队长
谈及对现阶段的状态是否满意
他说距离自己要实现的目标还有很远
如何在未来作战中
当一名优秀的指挥官

是自己努力前进的方向

这几年，随着大队飞行员对体系融合认识的不断加深

官兵们更愿意称轰 -6K 战机为

融合各个作战要素的“新一代空中作战平台”

而在这个体系中

一个作战单元就像是一块积木

“不断打磨自己的能力，

成为作战中即插即用的单元，

才能适应未来的战场。”

“老飞”坐镇，他们言传身教立下标杆

魏孝纲 1973 年生人

担任飞行教官 20 余年

培养出一批批优秀的“战神”机长

6600 多小时的飞行时长

长长的履历表

厚厚的荣誉簿

见证了他 30 年辉煌的飞行事业

在魏孝纲眼中，一名飞行教员

最好的教学方法就是用实际行动示范

“我做不到的事情，不会去要求别人。”

2018 年

在空军“金飞镖”突防突击竞赛性考核中

考虑到年纪原因

团里让魏孝纲以“备份”身份参加各项任务准备
前两次比赛错失冠军
魏孝纲心里始终憋着一口气
虽然身份是“备份”
但他还是铆足了劲头
备战期间，因训练强度加大
长时间久坐使魏孝纲旧疾复发
带着一定要赢回荣誉的“不服气”
他多次拔了输液管就溜回研究室、训练场
后来，凭借充分的研究准备和过硬的飞行技术
他硬是从“备份”升为“主打”
并在考核当天带领机组
长途奔袭数千公里
精准摧毁靶标
包揽团体前两名
在年轻武控师夏井虎眼中
已经飞行 15 年的武控师张九木是个极为严谨细致的人
最初进行训练时
每一个动作、手型
张九木都要严格规范
这让夏井虎有点搞不明白
明明两个动作是一样的效果
为什么要抠得如此细致
可在模拟训练时
他就发现一个细小动作的变化

都可能造成不可弥补的失误
张九木有一个特殊的图片库
里面是一个个对手的空中影像
每张照片都是一次历练
他常会翻着照片给年轻人讲
“我们是打仗的，风浪越大，本领越要硬！”
只有准备工作够充分
才能确保万无一失
保持紧迫感，他们把握机遇乘风而上
来到飞行二大队的第一天
穆特发·艾利就在荣誉室感受到了紧迫感
70 多年前
在抗美援朝空中作战中
时任大队长韩明阳带领大队奇袭大和岛
首战告捷
那时韩明阳只有 21 岁
穆特发·艾利想到已经 23 岁的自己
还像个稚气未脱的“傻小子”
心生一定要追赶上老前辈的念头
肩膀上也多了一份当好传人的使命责任
差距就是动力
穆特发·艾利一边钻研飞行技术
一有机会就钻进模拟中心
一遍遍练习各种操作要领
一边将战机千余个性能参数编成顺口溜

坚持记录学习感受和飞行体会
如今
他已经记录了 10 多本航理学习笔记
累计超过百万字
凭借着不怕吃苦、敢于挑战的拼劲儿
这名 95 后维吾尔族小伙儿
不久便在同批毕业飞行员中脱颖而出
2022 年，他成为团里最年轻的中队长
“早日参加战斗”
一直以来都是飞行二大队为战育人的座右铭
每次执行重大任务
大队坚决摒弃“大项用老不用新”的想法
不惟经历、资历论
让新员、老员拥有同样的机会
很快，穆特发·艾利凭借出色的表现
迎来了第一次投实弹的机会
“5、4、3、2、1”
“发射！”
穆特发·艾利清楚地记得
导弹快速蹿出带给他的震撼
他把那种感觉
归结为一个字——“爽！”
对于他而言
那也是一种像获得“成人礼”般的欣喜
“我没有某个时刻对自己是特别满意的时候。”

回顾自己的成长轨迹
穆特发·艾利直言
自己从小是一个被推着走的状态
当来到飞行二大队后
他才真切地感受到自己的变化
不是家人的期望、不是老师的敦促
而是想真正在学习中挖掘出自己的潜能
驾驶着“战神”飞得更高更远
而这样的内驱力
来自这个时代给青年人提供的机遇与舞台
在飞行二大队
很多年轻飞行员都有同样的感受
1999 年出生的黄诚
2022 年年初毕业后来到飞行二大队
报到第 3 天
就参加了大队的战法研究团队
早在空军航空大学读书时
他就梦想能“指挥一场轰轰烈烈的战争”
参加业务研究、执行训练任务
每一天都安排得满满当当
但黄诚很享受这个时代带给他的“推背感”
穆特发·艾利想起
第一次看轰 -6K 战机起飞的那个夏日
那时他还未完成改装
飞机滑行中带来强烈的震动与呼啸

正一点点靠近

那是完全不同于轰 -6 战机的声响

穆特发·艾利坐在草丛中

瞥见身旁的小虫“仓皇乱跑”

耳边加满油门的发动机发出巨大的轰鸣声

他的心底也升腾起前所未有的澎湃

那也是梦想起飞的声音……

“解放军报”微信公众号 2023 年 6 月 20 日

轰-6K战机飞行员张成梁：那些与“战神”共舞的日子

于雅倩　翁雷鸣　刘　妍　范以书　陈　劼

2014年，张成梁从军校毕业，同年空军航空兵某团飞行二大队开始换装轰-6K战机。

两年后，张成梁来到飞行二大队，彼时队里已经完成了换装，一些经验丰富的老飞行员也顺利完成改装。他明白，这次自己面对的将是全新的搭档——已经完成升级换代的“战神”轰-6K战机。

故事就此开始。

“呼……”张成梁深深地呼出一口气。经过数不清的加班加点、挑灯夜战，他终于顺利完成理论改装，迎来了模拟训练阶段。

开启座舱实习那天，是张成梁第一次登上轰-6K战机。第一眼的感觉，怎么形容呢，紧张得手心有点冒汗，喉咙微微发干，但他的眼神里又透出了抑制不住的兴奋和激动。第一眼的震撼来源于视觉上的冲击：传统的仪表盘被各种显示屏和按钮取代，轰-6K战机的先进武器装备、数字化系统，不要说没摸过，见都没见过。这一瞬间，张成梁的脑子里蹦出了一个词语——“脱胎换骨”。也是从这天开始，“渴望”成了张成梁唯一的想法：渴望顺利完成改装，渴望驾驶“战神”翱翔蓝天。

从最老到最新，从临空轰炸到远程精打，升级的不仅是装备与平台，更是思维与模式。面对全新的挑战、更高的要求，一种时不我待的紧迫感不断推他向前。张成梁总是迈着急促的脚步，匆匆行走在大队院里的石板路上，学习室、模拟机、飞行座舱成了他出现最多的地方。通过一次次的“研究—实践—总结—改进—验证”，3 个月后，改装完成。他成了同期战友中第一批完成差异性训练的飞行员，也是彼时完成轰 −6K 战机改装最年轻的副驾驶。

改装过程中无数个点灯熬油的夜晚他已记不清，但首飞完成那刻的感受却深深印刻在他的脑海中。当首飞结束、“战神”稳稳停在跑道上的那一刻，张成梁清醒地感受到身体内热血在翻涌。轻轻抚摸驾驶杆，他知道，从这一刻起，自己与这位并肩战斗的“战友”再也无法分开。

在一次又一次飞行训练中，张成梁紧握驾驶杆的双手愈发坚定。“飞出去，向着深蓝”，这样的念头也越来越强烈。渐渐地，他飞了之前没有飞过的航线，到了过去没有到过的地方。然而，2017 年第一次飞出远海的经历，带给张成梁心灵上的震撼却远超他的想象。

滑行、起飞、向上，感受着战机加力滑行后跃上蓝天的那种熟悉的推背感，他的心情是轻松踏实的。穿梭云海间，绵密云雾快速拂过座舱。随着战机越飞越远，城市、山川、河流逐渐消失在他的视野里。在战机冲破云雾的瞬间，天地间只剩下海天一色的一汪湛蓝。

大海无声，仿佛积蓄着无穷的力量。那一瞬间，战机的轰鸣声仿佛也随着放慢的呼吸变轻了。曾经父亲那句“能飞多远就飞多远”的叮嘱恍惚间在耳畔响起。荣誉、使命、尊严、责任在那一刻都变得清晰起来。握好手中这杆“枪”，守护祖国的海，守护祖国的天，成了张成梁从那天起唯一的念头。

那是 2018 年的一次海空联合演习。

到底选谁参加这次演习？选老尖子保稳还是选年轻人冲锋？最终，“让年轻人上！牺牲整体战斗力的金牌宁可不要！”成了大队党支部拍板时形成的共识。也正因为这个共识，张成梁在众多备选的副驾驶中脱颖而出，受领任务。

这次是他除战备任务外参加的首次大项演习，也是大队发射某新型导弹攻击海上舰船目标的“初体验”。与此同时，他还是机组中最年轻的 90 后。

短暂的喜悦过后，巨浪般的压力向他袭来。而此时，距离任务还剩不到 3 个月。

一秒也耽搁不得。张成梁开始盯着场地、装备的视频资料反复研究，眼睛一眨不眨，生怕错过一个细节，从导弹数据、航线规划、干扰样式，到针对目标该如何具体实施轰炸、毁伤效果评估，当把十几个问题在理论上拉直问号后，他又开始缠着有着多型弹药实弹实投经验的武控师蔡建，围绕航线诸元、攻击方式等关键环节进行推演验证，不断完善打击方案……终于，迎来了海天“亮剑”的这一天。

战机按计划起飞，飞抵预定高度。此时，机组遇到了准备资料中研究过的第一个问题：逆风。因风力极大，要想减少逆风带来的时间差，按规定时间到达预定地点，机组将油门加到了最大。

终于，按照计划到达预定点位。武控师迅速锁定截获目标，只要和指挥所确定攻击命令即可展开攻击！当一切顺利的时候，“滋滋滋”的声音从耳机中传来，“敌方”在进行无线电干扰！短暂的紧张过后，张成梁脑海中迅速回想针对此种情况的应对方案，并按照预定步骤沉稳操作。

“发射！”和以往无数次的发射场景差别不大，但在导弹脱离的一瞬间，机翼平衡被猛然打破，战机产生了巨大颠簸，张成梁迅速稳定心神。战机恢复平稳飞行，导弹也一击命中目标，“成了”！

从飞机上下来之后，副团长、时任大队长李晓松忍不住笑着说：“是不是感觉不一样？”“是倒是……”“我跟你讲过导弹离梁之后飞机会有偏差的。”“你讲的是‘有点偏差’，我没想到偏差这么大……”

尽管语气“幽怨”，但看着大队长“狡黠”的眼神，张成梁也笑了。直到现在，无论是战机的那次颠簸还是首发命中目标的喜悦，他都清晰地记得。

2019年8月某天，任务地点：远海。

抬头望着不真切的天空，张成梁反复思考着飞行准备中的各项数据。

同陆地相比，海上天气情况更加复杂。飞抵预定空域后，显示屏提示异常。张成梁发现几艘外方船只在下方海域内游荡，需下降高度进行查证。但此时天气情况处于飞行临界，下还是不下？机组迅速做出决定：“下！”这一刻，“为祖国奋飞”在他们心里变得无比具体。

■ 空军航空兵某团飞行二大队飞行员驾机发射导弹（魏孝纲　摄）

3000米、2000米、1000米……每下降一米，风险都在成倍增加。张成梁紧紧握住驾驶杆，努力保持战机平稳，机组成员则操作设备对外方船只的非法行径进行取证。当感受到“战神”凌空的威慑压迫后，外方船只如惊弓之鸟四散驶离。

张成梁第一次感受到，“我驾驶战机，代表的是祖国，只有握紧手中的驾驶杆，才能在关键时刻捍卫祖国的荣耀与尊严”。

唯以此身，驾驶战机，守好祖国的每一寸疆土。

他将这些感受，一字一句写进了那天的飞行日记里。此后，每次任务结束后他都会记下自己的感受，分析有什么样的提升，无论是突破心理承压能力还是突破生理极限，又或者是解决了飞行理论上的盲点……渐渐地，他喜欢上了记录飞行的点点滴滴，同时也记录下了与“战神”并肩成长的航迹。

一次海陆空联合训练任务结束后，张成梁主动拨通了当时一起参加任务的某地导部队作战值班室的电话，促成了一场“1V1”的切磋。

复盘时，张成梁脑海中又响起了指挥员问过他的一个问题：真正的战争来临时，你在哪里？扮演什么角色？

毋庸置疑，未来战争是联合作战体系能力的对抗。作为体系中的一个重要节点，如何畅通链路，平时怎样开展协同训练，如何增强体系思维和联合意识，这些具体的问题，督促他不断思考。

渐渐地，跨军兵种知识的书籍被摆放到他宿舍的书架上；海军舰长、地导营营长等兄弟部队指挥员来单位授课，只要没有飞行任务，张成梁节节不落；大队学习室电脑上有融合兄弟单位兵器性能、战术战法的资料库，每逢休息时间，他在学习室一坐就是一天。

新概念、新信息、新知识，如涓滴入海，冲开旧观念的堤坝，汇入体系融合的大潮。随着对体系融合认识的不断深入，他在一次次联合训练、对抗演习中感受到体系融合的力量。

他说，他最大的愿望是成为一名空中作战指挥官，运筹帷幄、上阵杀敌，带领战友们以最小的代价获得最大的胜利。置身联合的大体系下，他清晰地知道自己距离梦想还有不小的距离，但他更明白，只要目标在前，终将超越梦想。

中国军网 2023 年 6 月 20 日

奋飞新时代的空军航空兵

刘小兵　伍双林　李厚毅

碧蓝的南中国海，宝石般的岛屿镶嵌其中。空军航空兵某团飞行二大队飞行员驾驶轰-6K战机，如锋利的箭矢，飞出远海，射向远方。经过数小时数千公里的云海穿梭，轰-6K战机编队准时抵达预定阵位。

战巡南海、绕岛巡航，飞行二大队作为军事斗争准备的空中铁拳，在新时代里勇担使命、乘风高飞，锻造更硬的本领、开辟更远的航程、迎战更强的对手，先后被党中央、国务院、中央军委联合表彰，被所在战区评为备战打仗先进典型，被空军授予集体一等功。

"穿云破雾、越飞越远，靠的是清晰的领航规划"

飞行二大队有一面照片墙，以时间为轴，详细记录了飞行二大队执行重大任务的影像。照片的背景颜色总在变化，褐色背景是大漠，白色背景是高原，蓝色背景是海洋。而不断丰富和加深的蓝色，逐渐成为照片的主色调。

色彩之变，见证着航迹的延伸，更映射出飞行二大队的能力之变。

“大队发展就像战机航行，穿云破雾、越飞越远，靠的是清晰的领航规划！”从大队一步步成长起来的副团长、时任大队长李晓松深有感触。

在该大队，思想武装第一要务就是深入学习领会习主席重要讲话，演习演练第一流程就是重温习主席训令，应急应战第一环节就是领悟统帅号令。

2014年4月14日，习主席提出“加快建设一支空天一体、攻防兼备的强大人民空军”的战略目标。同年6月，飞行二大队踏上改装之路，官兵坚持学习室、模拟机、飞机座舱“三点一线”苦练精飞，一本本技术资料被翻到卷边，上千个参数指标烂熟于心。大队长张斌介绍，为了训练耐力，每天大家都自觉到健身房里加练体能，学习室里每天灯都会亮到很晚。

2015年2月16日，习主席提出思想政治要过硬、打仗本领要过硬、战斗作风要过硬。此时该大队正处在改装转型的关键期，他们结合使命要求和改装实际，推动改装训练由技术向技战术同步训练转变，梳理出6个攻关重点，提出50余条落实举措，跑出实战能力生成的“加速度”。

2015年8月，改装轰-6K战机后第一次飞越巴士海峡；2016年7月，赴黄岩岛等岛礁附近空域巡航；2018年5月，完成首次夜间绕飞台岛巡航……党的十八大以来，该大队官兵紧跟改革强军和空军转型发展步伐，着力打通战训耦合新路径，锻造制衡强敌硬本领，快速成长为一支重要的空中战略性进攻力量。

“没有永恒的胜利，只有不断的创新突破”

飞行二大队空勤楼门厅左侧的浮雕文化墙上，首建新功、首装首夺、首用必胜……24个以“首”字开头的词语，无声彰显着该大队开创的一项项纪录、取得的一个个辉煌。正中央，是一个遒劲有力的“首”字。“首”字背后，是披荆斩棘、不畏艰险，也是勇蹚新路、探索未知。

几年前，轰-6K战机列装，大队正式告别临空轰炸的单一作战方式，探索远程精打新路径。对该大队飞行员来说，轰-6K战机的先进武器装备、数字化系统他们见都没见过。面对心里没底的官兵，李晓松掷地有声：“我们不能躺在功劳簿上睡大觉，必须尽快形成战斗力。”在他们夜以继日的刻苦钻研下，首批改装人员不到3个月就提前完成改装任务。首飞不到7个月，即执行南海战巡任务；首飞不到10个月，就前出第一岛链遂行远海任务。

2020年，大队多名官兵参加空军“金飞镖”考核垫底，问题出在航线规划仍停留在传统人工计算上，难以适应瞬息万变的战场环境。“没有科技手段加持，‘杀手锏’发挥不了最大效能！”大队长的话，如同当头棒喝，唤醒了大队官兵。怎么办？向信息化要战斗力。大队武控师张九木带领大家进行编程建模，苦熬数月研发出高空投弹计算软件。后续又利用上高原、赴戈壁、飞远海等时机，收集大量不同地域、气象条件下的数据，滚动修正、更新版本，使命中率提高近20%。翌年，空军“金飞镖”考核首次在海上拉开战幕。正是得益于这款软件，飞行二大队参加的代表队最终夺冠。

■ 空军航空兵某团飞行二大队开展战备演练（余红春　摄）

没有永恒的胜利，只有不断的创新突破。2021年，飞行员李囿谕和武控师魏翔受领某型导弹海上实弹打靶任务。他们专门申请尝试用新方法执行此次打靶任务。面对质疑，李囿谕的话语掷地有声：“未来战场环境变幻莫测，要想打赢，就得想别人没想过的，做别人没做过的。”实弹射击如期而至，李囿谕和魏翔顶着巨大压力，一举摧毁陌生目标。这次训练，他们不仅验证了该型导弹的性能边界，还为完善攻击方法积累了宝贵经验。

善于闯新路、勇于建新功，飞行二大队一次次站上新的起跑线。他们深入开展“研究战争、研究战场、研究对手，找敌我差距、找敌人命门、找克敌绝招”的“三研三找”活动，在一次次斗争锤炼中逐步实现作战能力由近海向远海、由单元向体系、由昼间向全时段跃升……打仗的铁拳越攥越紧，越挥越有力。

“飞出去成为常态，我们胆气更强、底气更足”

2022 年发布的《强军十年大事记》中，成体系组织绕飞台岛、飞越宫古海峡和巴士海峡等字眼不断出现，轰 -6K 战机是当之无愧的主角。“‘战神’翱翔长空，承载着祖国的尊严和荣耀，大队官兵也在轰 -6K 战机上找到了自己的使命感和成就感。”该大队教导员周霄羽说道。

“我们迈上了转型跨越的快车道！”回顾成长历程，黄诚觉得自己很幸运。2022 年年初从飞行学院毕业的他，到部队报到第 3 天就加入了战法研究团队，业务研究、执行训练任务，每天都安排得满满当当。大队以中队为单元，按老、中、青 3 个层次编组训练，通过任务牵引、以老带新的方式帮助年轻飞行人员快速成长。

一次高原投弹演习，武控师陈昊与战友突破重重兵力拦阻，成功运用某型导弹打击预定目标，这是陈昊首次发射导弹。这次实弹射击，不仅帮助他完成了能力素质的一次“蝶变”，也使他成为团里最年轻的有过导弹打靶经验的武控师。

年轻的飞行学员穆特发·艾利忘不了第一次执行远海任务时的感受，他驾驶着轰-6K战机巡航朝着大海飞去，陆地越来越远，只剩下一水儿的湛蓝，机翼下的岛礁清晰可见。“飞得越远，感觉自己的心离祖国越近。不管风险再大，只要一声令下，我们都会义无反顾起飞。”飞行归来，穆特发·艾利的血性胆气得到了历练。

近几年，大队训练场上的训练方式越来越多，训练强度越来越大：设困境险境练兵，让每一个战斗员把打仗的这根弦时刻绷紧；积极展开电磁干扰、信息支援等新型作战样式研究，在大数据的海洋里寻求克敌密码，研创一套套新战法；瞄准实战，从平台要素融入体系，与兄弟单位互为对手开展攻防演练，把联合作战体系优势转化为打赢胜势。

“轰-6K战机印在时代画卷上的飞行航迹，从某种程度上说就是民族复兴、国家富强在浩瀚海空上的投影。”该大队所在团政委秦建华感慨，“飞出去成为常态，我们胆气更强、底气更足。未来，我们会飞得更远！”

《光明日报》2023年6月20日

科技加持　助力空中铁拳高飞远航

——空军航空兵某团飞行二大队新时代练兵备战纪实

张　强　唐　俊　何植百

海天一色，碧波万顷。近日，空军航空兵某团飞行二大队多架轰-6K 战机雷霆出击，与兄弟部队多型战机体系编队，前往大洋深处开展训练。驾机穿梭云海，绵密云雾快速拂过座舱，虽已多次驾机执行任务，但副大队长张成梁还是忍不住感慨："太快了！"快，不仅是飞行速度，也是该大队加力奋飞的姿态。

70 余年前，抗美援朝战场，大和岛的上空，该大队首批飞行员驾驶 9 架图-2 轰炸机临空轰炸，以"全摧毁、零战损"的辉煌战绩，首开人民空军航空轰炸作战样式先河。

70 余年后，在《强军十年大事记》中，成体系组织绕飞台岛、飞越宫古海峡和巴士海峡、前出西太等字眼不断出现，轰-6K 战机是当之无愧的主角。

作为多次重大事件的参与者和见证者，飞行二大队面对科技之变、战争之变、对手之变，始终保持清醒，淬火加钢，锻造出无坚不摧的空中铁拳。

锐气不减，将不可能变为可能

来到飞行二大队空勤楼的人，都会被门厅左侧的浮雕文化墙吸引。文化墙正中央，是一个遒劲有力的“首”字。首建新功、首装首夺、首用必胜……文化墙上，24个以“首”字开头的词语，记录着该大队创造的一次次纪录、取得的一个个辉煌。

“首”字，是创纪录的“第一次”，也是将“不可能变为可能”的故事。几年前，轰-6K战机列装该大队。作为一款几乎全新的轰炸机，轰-6K战机具备防区外打击能力。至此，该大队正式告别临空轰炸的单一作战方式，探索远程精打的新路径。然而，在此之前，轰-6K战机的先进武器装备、数字化系统，对该大队飞行员来说，别说摸过了，见都没见过。

面对心里没底的官兵，副团长、时任大队长李晓松掷地有声：“我们不能躺在功劳簿上睡大觉，必须尽快形成战斗力。”夜以继日，宵衣旰食。不到3个月，该大队首批改装人员就提前完成改装任务；该大队首飞不到7个月，即执行南海战巡任务；首飞不到10个月，就前出第一岛链执行远海任务。

善于闯新路，勇于建新功。把坡度压到最大、实弹打到边界、远海飞到最远……近年来，该大队率先展开夜间轰炸射击等实战化课目训练，先后被党中央、国务院、中央军委联合表彰，被所在战区评为备战打仗先进典型，被空军授予集体一等功。

敢于领跑，牢牢站稳制胜高点

“未来战场，开轰炸机或许不能再像以往那样，突防时恨不得贴着地皮飞。作为空中进攻力量，未来战场上，我们必须做到‘一发导弹定乾坤’！”该大队武控师陈昊告诉记者。

那年，该团领受某型导弹首次试打任务。当时部队刚改装轰-6K战机不久，导弹配套的航迹规划系统使用也才刚刚起步，几乎没有经验可以借鉴。面对前所未有的挑战，大队官兵联名向团党委递交请战书，并立下了军令状：1个月后试射。

“没有人给我们下任务，更没有人来指定谁去打……”时任教导员张鑫回忆起往事时甚是感慨，“凭啥？全凭一股闯劲！”大队全员上阵、分组攻关，对导弹数据、毁伤效果、评估检验等进行全过程精算、全链条深研，不仅圆满完成了试射任务，还培养出一大批“导弹通”。

■ 空军航空兵某团飞行二大队飞行员驾机带弹起飞，前往执行任务（王宇龙　摄）

“按部就班永远只是追赶者，敢于创新才能成为领跑者。”飞行二大队队长张斌感慨道。赶上空军快速转型的好时代，大队官兵每个人都保持着乘风而上的奋飞姿态。一次体系对抗演练，时任大队长李锐在与歼击机部队交流时突发灵感，提出基于联合体系，与歼击机互创条件实施攻击的设想。就是这个大胆的想法，让他们在随后的演习中大放异彩，形成的战法获得战法创新二等奖。

科技强能，用创新迎接时代托举

喜欢拼装飞机模型的飞行员文献臣，几乎拼出了所有的中国空军现役飞机，却一直没有拼出一款轰 -6K 战机模型。

在他看来，和老一代轰炸机相比，轰 -6K 战机虽然外形没有太大的区别，但发动机、航电系统、操纵系统已有了质的变化，科技含量明显更高。

"科技塑造未来，看不到科技之变者，必被时代淘汰。"文献臣说。而遭遇那次"滑铁卢"后，该大队官兵对这句话也是深信不疑。

2020 年，作为领先改装的部队，飞行二大队参加"金飞镖"考核却大败而归。究其原因，是因为虽然轰 -6K 战机的科技含量更高，但他们在航线规划等方面还停留在传统的人工规划模式上，新战机的潜力没有完全发挥，难以适应瞬息万变的战场环境。

痛定思痛，大队武控师张九木带领大家苦熬数月，研发出高空投弹计算软件。后又利用上高原、赴戈壁、飞远海等时机，收集了不同地域、气象条件下的数据，滚动修正、更新版本。现在，该软件能将计算时间缩短 4/5，使导弹的命中率提高近 20%。翌年，空军"金飞镖"考核首次在海上拉开战幕。在复杂多变的海况下，导弹弹道极易受空中风速、湿度、场压等因素影响，失之毫厘，谬以千里，难度可想而知。没想到，正是得益于这款软件，该大队最终夺冠。

"保持好恰当的迎角，去拥抱这个时代，时代会给你向上的托举！"张斌感慨道。

《科技日报》2023 年 6 月 20 日

“战神”出击

杨　杰　郑天然

南中国海碧波万顷，海天一色，宝石般的岛屿镶嵌其中。这是空军航空兵某团飞行二大队飞行员们最熟悉的景色之一，任务来临时，他们会驾驶“战神”轰-6K 战机前出远海，飞向远方。

作为人民空军首批组建、首支参战、首立战功的轰炸航空兵大队，在 70 余年前的朝鲜大和岛上空，正是该大队首批飞行员驾驶战机临空轰炸，首开人民空军航空轰炸作战样式先河。如今，新时代的大队飞行员驾驶轰-6K 战机一次次战巡南海、前出西太、绕岛巡航，已成为军事斗争准备的空中铁拳，先后被党中央、国务院、中央军委联合表彰，被所在战区评为备战打仗先进典型，被空军授予集体一等功。

“‘战神’翱翔长空，承载着的是祖国的尊严和荣耀。轰-6K 战机印在时代画卷上的飞行航迹，从某种程度上说就是民族复兴、国家富强在浩瀚海空上的投影。”该大队所在团政委秦建华说，“飞出去成为常态，我们胆气更强、底气更足。未来，我们会飞得更远！”

跃 进

在飞行二大队空勤楼，首建新功、首装首夺、首用必胜等 24 个以“首”字开头的词语被做成浮雕，刻印在门厅左侧的文化墙上。浮雕正中央，一个“首”字被特意放大，无声彰显着这支部队的辉煌战绩与英雄气魄。

1951 年的抗美援朝战争中，刚组建不到 1 年的飞行二大队奉命轰炸大和岛上的敌情报指挥机关。大队首批飞行员在人均战术训练时间不足 20 小时的情况下，驾驶战机英勇作战，取得骄人战绩。

2014 年 4 月 14 日，习主席视察空军机关，提出“加快建设一支空天一体、攻防兼备的强大人民空军”的战略目标。号令催征，同年 6 月，该大队踏上改装轰 -6K 战机之路。从此，大队正式告别了临空轰炸的单一作战方式，探索远程精打新路径。

大队飞行员文献臣知道，尽管轰 -6K 战机和老一款轰炸机相比，外形没有太大区别，但其内核已经发生质的变化。为了尽快适应新装备、形成战斗力，大队全员开始全身心投入改装一线，每天奋战在学习室、模拟机、飞机座舱“三点一线”。他们将性能数据的知识要点编成顺口溜、制成小卡片随身携带。模拟中心

■ 空军航空兵某团飞行二大队飞行员驾机绕岛巡航（李文锋　摄）

里，他们一遍遍练习起飞、着陆动作的操作要领，常常到后半夜，回到宿舍后还要再梳理训练中存在的问题。

除了苦练精飞，大队飞行员还一边改装，一边迅速投入任务研究准备，探索总结出一条“改装训练—考核评估—任务检验”的新路子。凭着这股韧劲，大队首批改装人员不到 3 个月就完成全部改装，首飞不到 7 个月即执行战巡南海任务，首飞不到 10 个月便前出第一岛链遂行远海任务，驾驶“战神”驰骋蓝天。

一次次飞行中，大队官兵也不断探索着轰 –6K 战机的性能边界。从最大速度到最小阵位，从最大载荷到最大航程，他们一项项积累数据，很快就摸透了该型装备的多项能力阈值。

大队武控师张九木带领团队日夜攻坚，精心复盘研究，苦熬数月研发出高空投弹计算软件。每一次上高原、赴戈壁、飞远海，他们都坚持收集不同地域中、复杂气象条件下的飞行数据，滚动修正、更新版本。依托这一软件，现在大队的投弹命中率已提升近 20%。

武控师魏翔也在一次次实弹打靶中探寻着边界。2021 年，他和战友受领某型导弹海上实弹打靶任务。考虑到原有打法可能在实战中被拦截，他们力排众议，大胆尝试使用新打法进行实弹射击，一举摧毁陌生目标，不仅验证了该型导弹的性能边界，还为完善攻击方法积累了宝贵经验。

如今，大步向前跃升的飞行二大队早已成长为空中铁拳，轰 –6K 战机也成为战巡南海、前出西太、绕岛巡航等诸多历史性时刻中当之无愧的主角。回忆与轰 –6K 战机走过的近 10 年历程，副团长、时任大队长李晓松感慨，“大队发展就像战机航行，穿云破雾、越飞越远”！

奋 飞

在该团训练中心有一面巨大的地图，上面标注着飞行二大队这些年飞出的航迹：从 2015 年换装后飞越巴士海峡，到 2016 年赴黄岩岛等岛礁附近空域巡航，再到 2018 年完成夜间绕飞台岛巡航，轰 -6K 战机的航迹正不断向更高更远处延伸。

一级飞行员李锐亲眼见证了轰 -6K 战机航迹的一次次突破。2015 年，时任大队长李锐受命带领机组执行赴西太平洋远海训练任务，途中飞至巴士海峡附近，与外军机相遇。面对外军机的层层阻挠，他们毫不畏惧，坚持突破第一岛链 1000 余公里，创下多项纪录。

2018 年 5 月，时任大队长李锐与战友实施夜间绕飞台岛巡航任务。“最近距离仅有几十米，随时可能擦枪走火。”李锐至今记得，面对台军机的近距跟监，他指挥编队按预定航线继续向前，心中想到的是自己代表着国家民族尊严，无所畏惧。不久台军机远离，黑暗散去，拂晓到来，望着机舱外绵延起伏的台湾玉山，一种豪迈之情在李锐心中油然而生。

那一天，李锐专门让僚机机长帮自己拍了一张照片。而在当天的各大新闻网站上，“拂晓绕台”的消息引起巨大轰动。

在大队官兵看来，飞行在祖国的广阔空域、万里海疆，“那种自豪感和价值感千金难买”。大队教导员周霄羽说，官兵们在轰 -6K 战机上找到了自己的使命感和成就感，“我们知道，我们就代表着中国”。

副大队长张成梁执行过 20 余次远海远洋、南海战巡等重大任务，尽管遇到过多次特情险情，但他从没怕过，“因为背后是强大的祖国”。一次任务中，张成梁驱离我海域内非法行动的外方船只，驾驶几十吨重的轰 -6K 战机不断下降高度，进行有力威慑。30 余米长的机翼在低空气流扰动下剧烈抖动，海面上翻滚的浪花清晰可见，张成梁紧握驾驶杆保持战机平稳，机组成员对船只非法行经进行拍照取证，成功迫使对方驶离。

近年来，大队先后有 140 余人次执行岛礁巡航、战巡南海、前出岛链等任务。大队官兵和战机一起，在祖国远海上空筑起“铜墙铁壁”。

向　战

张九木有个特殊的图片库，里面是他任务中遇到的一个个对手的空中影像，每张照片都代表着一次遭遇和斗争。他常带着大队年轻官兵翻看照片，每次都提醒他们：“我们是打仗的，风浪越大，本领要越硬！”

这也是飞行二大队官兵一直以来的目标。近年来，大队深入开展“研究战争、研究战场、研究对手，找敌我差距、找敌人命门、找克敌绝招”的“三研三找”活动，着眼未来远程精确打击“快、远、精、准”需求探索能力阈值，在一次次斗争锤炼中逐步实现作战能力由近海向远海、由单元向体系、由昼间向全时段跃升。

张成梁明显感到，如今的作战与训练模式变了。战机态势图上，象征我方预警机、电子干扰机、歼击机、海军舰船等协同力量的各种符号，越来越多地出现在了同一张屏幕上，协同作战成为未来战场的趋势。

为了加快体系融合，跨军兵种知识的书籍被摆放到了大队官兵的案头，海军舰长、地导营营长等兄弟部队指挥员也频繁受邀走上大队的讲台。融合兄弟单位兵器性能、战术战法的资料库，已可以直接连接到大队飞行员的学习电脑。

此外，大队还积极开展电磁干扰、信息支援等新型作战样式研究，研创了一套套新战法。瞄准实战，他们从平台要素融入体系，与兄弟单位互为对手开展攻防演练，把联合作战体系优势转化为打赢胜势。

2019 年的一次体系对抗演练，时任大队长李锐在与歼击机部队交流时突发灵感，提出了基于联合体系，与歼击机互创条件实施攻击的设想。在随后的演训任务中，他们将战法招数分解并嵌入任务中进行验证，又根据实际情况数据进一步对比调整、持续升级。经过双方的不懈努力，战法创新的路走通了。该项战法得到了上级的肯定，并获得了当年战区空军战法创新二等奖。

“要不断打磨自己的能力，成为作战中即插即用的单元，才能适应未来战场，在战争中打赢。”文献臣说。他用拼接的积木比喻体系融合下的作战单元，而轰 -6K 战机就是融合各个作战要素的“新一代空中作战平台”“空中武器作战平台”。

为了打磨好“积木”，飞行二大队将功夫下在了平时。借助联合作战体制优势，大队以战巡等任务为契机，发挥轰炸机对任务编组各要素的牵引作用，在构建“小闭环”、融入“大体系”、打通“全链路”中，练对抗、练融合，推动体系作战能力显著提升。

2021 年 8 月，一场多兵种体系对抗演习在南海某空域打响，飞行二大队多名飞行员领衔出战。他们要在 3 个演练日内，通过 5 个波次对对方诸多目标进行模拟打击。

起飞不久，大队机组就和预警机、歼击机、干扰机通联编队，联合海上舰船对目标实施打击。飞抵发射阵位后，预警机发来目标数据，机组迅速协同干扰机布下“电磁走廊”，锁定目标、快速发射。数分钟后，导演组传来消息：导弹准确命中靶标。

“轰炸机一直是大国博弈的重要支撑。在新的体系作战中，作为一个重要节点，轰炸机飞行员必须拥有更强的体系思维和联合意识。”在张成梁看来，这正是轰炸机作为空中进攻力量的意义所在。

《中国青年报》2023 年 6 月 21 日

淬火加钢　锻造无坚不摧的空中铁拳

廉颖婷　王文彬　袁　海

近日，空军航空兵某团飞行二大队多架轰-6K战机雷霆出击，与兄弟部队多型战机体系编队前往大洋深处砺刃。飞行二大队副大队长张成梁驾机穿梭云海，绵密云雾快速拂过座舱。

张成梁来到部队近10年，他毕业时正好大队开始换装轰-6K战机。如今，“战神”航迹加速拓展，他也成长为团里最年轻的副大队长。

70余年前，大和岛上空，该大队首批飞行员驾驶9架图-2轰炸机临空轰炸，以“全摧毁、零战损”的辉煌战绩，首开人民空军航空轰炸作战样式先河。今天，面对科技之变、战争之变、对手之变，飞行二大队始终保持清醒，锻造出无坚不摧的空中铁拳。

能力之变

飞行二大队有一面照片墙，以时间为轴，记录了他们执行重大任务的影像，见证着航迹的不断延伸，更映射出飞行二大队的能力之变。

党的十八大以来，飞行二大队官兵紧跟改革强军和空军转型发展步

■ 空军航空兵某团飞行二大队大队长张斌（中）与机组成员交流（余红春　摄）

伐，着力打通战训耦合新路径，快速成长为一支重要的空中战略性进攻力量。

“大队发展就像飞机航行，靠的是清晰的领航规划。”回忆强军10年，从飞行二大队一步步成长起来的副团长、时任大队长李晓松感慨地说。

2014年6月，飞行二大队踏上改装之路。官兵们坚持学习室、模拟机、飞机座舱“三点一线”苦练精飞，一本本技术资料被翻到卷边，上千个参数指标烂熟于心。为了摸透轰-6K战机的性能边界，从最大速度到最小阵位，从最大载荷到最大航程，数据一项项积累，边界一点点探摸。很快，大队官兵就掌握了新装备包线性能、边界条件和作战运用方法，摸透了多项能力阈值。

2015年，处在改装转型关键期的飞行二大队结合使命要求和改装实际，推动改装训练由技术向技战术同步训练转变，梳理出6个攻关重点，提出50余条落实举措，跑出实战能力生成的“加速度”。同年8月，改装轰-6K战机后第一次飞越巴士海峡；2016年7月，赴黄岩岛等岛礁附近空域巡航；2018年5月，完成首次夜间绕飞台岛巡航，实现绕岛巡航模式新突破……

这些年，飞行二大队坚持结合重大任务深学深研、活学活用习近平强军思想，在学习实践中认清使命、找准方向。

“机翼下是万家灯火，护佑的是和平安宁。遇有情况，能不能像先辈那样，一声令下上得去、打得赢？能不能守候和平、护航祖国？”很多参加庆祝人民空军成立 70 周年专题展览的游客，都记住了那篇特殊的“战地日记”。

这些字句背后，是一场惊心动魄的斗争，张成梁至今历历在目。那天，张成梁与战友驾机执行远海任务。刚抵达预定空域，就发现几艘外方船只在我海域内肆无忌惮地游弋，机组当即申请下降高度进行驱离。

2000 米、1000 米、900 米……屏显上的高度指示不断跳动，战机持续降低高度，海面上翻滚的波浪逐渐清晰可见。飞机 30 余米长的机翼在低空气流扰动下，带动机身剧烈抖动起来。

张成梁紧紧握住驾驶杆，努力保持着战机平稳，机组成员操作设备对外方船只的非法行径进行取证。很快，感受到威慑压迫的外方船只四散驶离。

“我们的一举一动彰显党的意志，一机一弹关乎斗争全局。”第一次

■ 空军航空兵某团飞行二大队组织飞行人员向党旗宣誓（余红春　摄）

出岛链归来，看到官方发布的任务消息引起热议，时任大队长李晓松感慨地说。

科技强能

科技塑造未来，看不到科技之变者，必被时代淘汰。飞行二大队官兵对这句话深信不疑。

作为领先改装的部队，又是空军“金飞镖”得主，2020 年，飞行二大队多名官兵代表团再次参加空军“金飞镖”考核，却惨遭垫底。尽管装备性能已经很优越，但他们在航线规划上还停留在传统的人工计算上，难以适应瞬息万变的战场环境。

“没有科技手段加持，‘撒手锏’用成了‘烧火棍’。”大队长一句话，唤醒了大队官兵。

飞行二大队武器控制师张九木带领大家进行编程建模，苦熬数月研发出高空投弹计算软件。后续，又利用上高原、赴戈壁、飞远海等时机，收集大量不同地域、气象条件下的数据，滚动修正、更新版本。现在，该软件能将计算时间缩短 4/5，使命中率提高近 20%。

翌年，空军“金飞镖”考核首次在海上拉开战幕。考核中，弹药弹道极易受空中风速、湿度、场压等因素影响，失之毫厘，谬以千里。在复杂多变的海域气象下对决，难度可想而知。正是得益于这款软件，飞行二大队参加的代表队再次夺冠。

近年来，飞行二大队在追求打赢的路上敏锐捕捉着时代变化，不断修正航行姿态，以期最大限度逼近未来战场的胜利。

那年，飞行二大队承担某实弹打击课题攻关任务。牵头课题的张成梁一边向大队“神枪手”请教经验，一边围绕航线诸元、攻击方式等关键环节推演验证。经过周密准备，他迎来海天“亮剑”，雷霆重击下彻底摧毁靶标。

喜悦之余，飞行二大队一班人并没有满足：昂贵的导弹难以实现经常性组训，口耳相传式的教授也缺乏直观操作感受，团队如何才能快速形成作战能力？他们把目光投向模拟训练，与科研院所专家一起展开研发。

2022 年 3 月，一套 VR 辅助训练系统正式上线，极大提高了导弹打击训练效益。

战法创新

党的十八大以来，空军以创新驱动军事训练改革转型，对接实战要求，着眼能力提升，重构训练格局，组训空间向海上、高原、夜间、电磁等多维度延伸，从基于任务向基于能力转变，部队训练模式也不断实现版本升级。

一次体系对抗演练，时任大队长李锐在与歼击机部队交流时突发灵感，提出基于联合体系，与歼击机互创条件实施攻击的设想。就是这个大胆的想法，让他们在随后的演习中大放异彩，形成的战法获得战法创新二等奖。

几年前，轰 -6K 战机列装，大队正式告别临空轰炸的单一作战方式，探索远程精打新路径。轰 -6K 战机的先进武器装备、数字化系统对该大队飞行员来说是完全陌生的。

面对心里没底的官兵，副团长、时任大队长李晓松说：“我们不能躺在功劳簿上睡大觉，必须尽快形成战斗力。”

在他们夜以继日的奋斗下，首批改装人员不到 3 个月就提前完成改装任务。首飞不到 7 个月，即执行南海战巡任务；首飞不到 10 个月，就前出第一岛链遂行远海任务。

那年，团里领受某型导弹首次试打任务。当时部队改装轰 -6K 战机还不满 3 年，导弹配套的航迹规划系统使用也才刚起步，几乎没有经验可借鉴。面对前所未有的挑战，飞行二大队官兵联名向团党委递交请战书，并立下军令状：1 个月后试射。

大队全员上阵、分组攻关，从导弹数据、毁伤效果、评估检验等全过程精算、全链条深研，不仅圆满完成试射任务，同时培养了一大批“导弹通”。

2021 年，飞行员李囿谕和武控师魏翔受领某型导弹海上实弹打靶任务。他们知道，按照常规打法很容易取得好成绩，可在实战中容易被拦截。因此，他们专门申请尝试用新方法执行此次打靶任务。

消息一传出，立刻在全团炸了锅：“还要自我加压？”“别太冲动，还是稳妥点好！”

“未来战场环境变幻莫测，要想打赢，就得想别人没想过的，做别人没做过的。”李囿谕说。

实弹射击如期而至。李囿谕和魏翔顶着巨大压力，手起刀落一举摧毁陌生目标。通过这次训练，他们不仅验证了该型导弹的性能边界，还为完善攻击方法积累了宝贵经验。

“大洋很美，我们时常要去看看。轰 -6K 战机印在时代画卷上的飞行航迹，从某种程度上说就是民族复兴、国家富强在浩瀚海空上的投影。”飞行二大队所在团政治委员秦建华说。

《法治日报》2023 年 6 月 20 日

驭战神　向远海　看这支轰炸航空兵大队如何锻造成空中铁拳

2018 年 5 月底

中国空军官方发布的一段视频

引发了广泛关注

画面中间是被誉为“战神”的

空中作战行动核心力量——轰 -6K 战机

战机后方的天际线附近

正是祖国宝岛台湾的中央山脉

这是中国空军首次夜间绕飞台岛

然而，不为人知的是

驾驶着轰 -6K 战机执行这次特殊任务的正是

人民空军首批组建、首支参战、首立战功的

空军航空兵某团飞行二大队的飞行员

在人民空军的历史上

这支英雄的战斗队伍
从组建之日起就不断创造历史
1951 年 11 月，在抗美援朝战争中
他们首开人民空军航空轰炸作战样式先河

在之后半个多世纪的时光里
飞行二大队战功卓著、英雄辈出
创造了一个又一个
新的“首次”

2014 年，飞行二大队改装轰 -6K 战机
仅 3 个月，就完成改装
首飞仅 7 个月
就战巡南海
首飞仅 10 个月后
又一项创造历史的艰巨任务
落在他们肩上……

奋飞海天之间　空中铁拳捍卫主权

2015 年 8 月，人民空军计划出动
轰炸机、歼击机等多型战机
赴西太平洋开展远海训练
与以往不同的是
在此次任务中

轰 –6K 战机将首次飞出第一岛链 1000 余公里……

轰炸机因为航程远、载弹量大
在维护国家利益和主权过程中
扮演的角色越来越重要

8 月 14 日拂晓
飞行二大队官兵驾驶轰 –6K 战机迎着朝霞
向着天际线进发
1 小时后
双机编队来到了巴士海峡口
就在此时，指挥所传来通报：
“前方有两架外机正在逼近。”

话音刚落，一架挂满实弹的外机
已经出现在大家的视野中
紧张感骤增的李锐
快速将内心平复下来
王建岭则拿出相机拍照取证
并通过无线电喊话：
“我是中国空军，
正在开展飞行训练，
不要干扰我行动，立即离开。
否则后果自负！”

■ 空军航空兵某团飞行二大队飞行员驾机执行任务（王宇龙　摄）

面对外机的层层阻挠

机组航向不变、高度不改

按时抵达目标空域

完成所有预定训练科目

那一天，飞行二大队的年轻官兵们

深切感受到了

国强我强、国荣我荣的意义

当天，他们飞出第一岛链 1000 余公里

创造了当时飞出岛链最远纪录

飞行二大队的副大队长张成梁

曾用一张自画像记录下

他作为一名轰炸机飞行员的自豪

2017 年年底
那是他第一次执行飞出岛链任务
返航时
透过舷窗看到了祖国宝岛台湾
那是他人生中
第一次离宝岛台湾那么近
看着中央山脉绵延起伏、若隐若现
张成梁心中的自豪感和使命感油然而生!

穆特发·艾利说:
“每次巡航,
当陆地越来越远、
眼前只剩下一水儿的湛蓝时,
‘祖国’两个字便升腾在心里,愈发清晰。”

维护利益要走出去
履行使命要飞出去
战巡南海、前出西太、绕岛巡航

这些年,飞行二大队官兵驾驶轰 –6K 战机
始终奋飞在
捍卫祖国利益的最前沿、第一线:
2015 年 8 月

改装轰 -6K 战机后飞越巴士海峡

2016 年 7 月

赴黄岩岛等岛礁附近空域巡航

2017 年 12 月

与歼击机、侦察机等成体系飞越对马海峡

2018 年 5 月

完成夜间绕飞台岛巡航

……

空中铁拳越练越硬

血性胆气越飞越足

升空就是作战　起飞就是迎敌

在飞行二大队，已经 50 岁的飞行教官魏孝纲

曾经驾驶轰 -6K 战机

以数百公里的时速

近乎贴在海面上的姿态逐浪飞行

让人胆战心惊超低空掠海

并不是为了炫技

正如魏孝纲所说

虽然轰 -6K 战机是一个翼展数十米

重量近百吨的大家伙

但掠海超低空飞行

是最有效的突防手段之一

狭路相逢勇者胜
轰炸航空兵力量
在现代战争中
扮演着非常重要的角色
轰炸机飞行员必须不断提高技能
不断创新和突破
成为适应现代战场的全能型人才
才可能在战场上立于不败之地

2018 年盛夏的一天
飞行二大队队员张成梁接到了
一项特殊任务——试射某型导弹
按照惯例
一架轰 -6K 战机机组
由两名飞行员和一名武控师组成
对目标实施攻击通常由武控师完成
但这次任务
需由右座飞行员张成梁来操作完成
为的就是提升实战中的打击效率

如何才能在短短两周时间内
掌握武控师十几年才能练就的操控技艺?
对着不足 15 厘米大小的屏幕

张成梁想到了一个办法：
在模拟器屏幕上画格子
把每次的操作进行量化
计算需要按压的时间

两周时间很快过去
张成梁的练习也已经
从 3 厘米、2 厘米
精确到了毫米……

终于到了海天“亮剑”那一刻
进入预定阵位，构成发射条件后
张成梁果断按下发射钮
导弹顺势离机，直奔靶标而去
电光石火之间
屏幕上却突然闪出一片白光

当时，谁也不确定
第一次由飞行员而非武控师操作的
某型导弹试射是否成功
当所有人都忐忑不安时
作战参谋破门而入，大喊道：
“成梁，你命中了！”

成功的消息让大家都激动地抱在一起

这次成功命中的意义非凡
是首次由右座飞行员
执行某型导弹攻击的成功范例
为未来的空中战场
大大提高了机组的多目标攻击能力
提升了部队远程打击的效率

关键时刻顶得上去　生死关头豁得出去

2021 年夏，北部湾某海域
乌云密布，硝烟弥漫
空军“金飞镖 -2021”考核悄然打响
“金飞镖”，代表着中国空军飞行人员
突防突击能力的最高水平

这一次考核
首次将靶场放到了海上
面对难度大增的挑战
飞行二大队铆足了劲儿
目标直指“金飞镖”
随着指挥员一声令下
飞行二大队前 3 架战机依次滑出
可就在第 4 机组屏气凝神准备起飞时
飞机机载设备突发故障告警

面对第 4 架飞机可能没有成绩的现状
队员们心中只有一个念头
不管怎么样
都一定要让第 4 架飞机飞上天!

大家紧张地忙碌起来
一边查看排故进度
一边根据可能晚起飞的时间修改航线
时间一分一秒过去
整整 22 分钟过后
飞机故障才终于成功排除!
而此时，前方飞机已飞出去几百公里
如果要想追上编队
战机必须以极限速度持续飞行
这将使飞行风险陡增
当时，就连考核组都认为追赶无望
劝他们放弃

军人荣誉高于一切
面对困难唯有全力以赴!
绝境面前，王建岭带领机组 3 人
将油门一推到底:
拼了!

轰 -6K 战机发动机的轰鸣声

瞬间淹没了整个机舱

3 人按照预案密切分工合作

反复计算航程路线时间

以逼近飞机的性能极限

逼近飞行员的心理生理极限

逼近编队协同极限的速度、高度

硬是把时间追了回来

在进入轰炸航路点前

与其他机组成功会合

创造了团队历史上

以极限速度长时间飞行的先例

然而此时

■ 空军航空兵某团飞行二大队进行夜间训练（王宇龙　摄）

距离最后时限仅剩下 1 分多钟
赶到了既定区域只是完成了第一步
夺“金”与否
还得看能否打得出、打得准

在考核过程中
面对海面上密密麻麻的靶标
面对前所未有的发射难度
武控师张九木
眼睛死死地盯着屏幕
不断地修正轰炸数据
当时间只剩下最后不到 10 秒时
他终于锁定目标
按下了发射按钮!

“10、9、8、7……”
当看到靶标炸掉的那一刻
机组所有人激动地欢呼起来

关键时刻顶得上的实力
生死关头豁得出去的精神
帮助飞行二大队又一次创造了奇迹!
而这一次次成功的背后
都流淌着在这支英雄团队的血脉里
传承了 70 多年的“首战基因”

因战而生　向战而行

1951 年冬
在距离鸭绿江口 70 公里的大和岛上
美韩情报机构人员
日夜搜集我方情报
引导、指挥飞机对我后方实施空袭

为了拔掉这颗“钉子”
11 月 6 日，飞行二大队
奉命轰炸大和岛敌情报指挥机关
这是志愿军空军轰炸机部队
第一次执行轰炸任务

当时，没有任何实战轰炸经验
平均年龄不足 22 岁
人均战斗科目训练还不足 20 小时的飞行二大队
紧急投身战场
他们即将面对的
是装备先进武器
有着丰富战争经验的美军

然而，就是这支年轻的队伍
驾驶着 9 架图 –2 轰炸机

从沈阳起飞

以迅雷不及掩耳之势冲破敌人防线

在大和岛上空精准投下炸弹

打出了“全摧毁、零战损”的辉煌战绩

出色地完成了志愿军空军的首次亮相

70 多年前

这一群中国年轻人

为了保家卫国

义无反顾地飞向蓝天

以世所罕见的战绩向世界宣告：

一个觉醒了的

敢于为祖国光荣独立和安全而奋起战斗的民族

是不可战胜的！

70 多年后

同样有一群中国年轻人

牢记着先辈们所付出的牺牲

更加坚定、更加自信地

向战而行，向战而飞！

从图 –2 轰炸机到轰 –6K 战机

从大和岛到飞出西太平洋

从临空轰炸到远程精打击

从“千里走单骑”、单枪匹马

到今天成体系飞出去
上联天、下联海

进入新时代
在习近平强军思想指引下
人民空军正在向“空天一体、攻防兼备”
战略目标快速转型

这支流淌着英雄基因的部队
这群平均年龄只有 29 岁的新时代飞行员
勇担使命、矢志强军
在人民空军战略转型的壮阔征程上
换羽高飞、向着胜利奋飞
绕台岛、出岛链
飞远海、向深蓝
不仅飞出了轰炸机部队的时代航迹
更乘着时代的长风
奋飞在迈向世界一流的航程上
磨出新“锋刃”
铸就新“铁拳”！

今天，因战而生、向战而行的
空军航空兵某团飞行二大队
被中央宣传部授予
“时代楷模”称号

90 岁的老英雄——

18 岁时曾参加大和岛作战任务的

抗美援朝老兵杨注魁

来到《时代楷模发布厅》节目现场

两代护佑国门的“空中铁拳”

共同见证了 70 多年不变的军魂：

为祖国而飞！为祖国而战！

“时代楷模发布厅”微信公众号 2023 年 6 月 20 日

舆论反响

担当使命责任　建功伟大时代

——空军航空兵某团飞行二大队先进事迹受到广泛关注

金正波　李龙伊

近日，空军航空兵某团飞行二大队被中央宣传部授予“时代楷模”称号，他们的先进事迹经广泛宣传报道后，在全军部队和社会各界引起热烈反响。广大官兵和干部群众认为，飞行二大队是有着光荣历史、卓著战功的英雄部队，是奋飞军事斗争一线、捍卫国家主权安全的空中铁拳，是“搏击长空心向党、飞行万里不迷航”的杰出代表。大家表示，要以飞行二大队为榜样，不畏艰险、勇于创新，更加坚定、更加自觉地践行初心使命，为如期实现建军一百年奋斗目标、开创国防和军队现代化新局面而努力奋斗。

陆军第 71 集团军某旅“王杰班”战士利用读报时间，认真学习了飞行二大队的英勇事迹。“‘起飞就是迎敌，升空就是作战’，飞行二大队官兵的话语让我深受触动。作为新时代革命军人，只有时刻保持因战而生、向战而行的冲锋姿态，始终把备战打仗作为第一要务，全面提高实战能力，才能确保全时待战、随时能战。”班长黄龙说，“最近，我们刚刚从外训场返回，又马不停蹄准备开展滨海驻训工作。未来，我们将继续聚焦使命任务，立足最复杂环境、最困难条件，从严从难训练、锻造过硬本领。”

“飞行二大队以英勇顽强的战斗精神和过硬的飞行技术，圆满完成战巡南海、绕岛巡航等重大任务。”南部战区海军某登陆舰支队海南舰舰长张美玉表示，作为海军两栖作战的新质力量，我们要深挖装备极限性能，持续锤炼决胜大洋、克敌制胜的本领。前不久，海南舰全体官兵奔赴南海某海域，与航空兵部队开展联合训练，快速投送能力得到进一步提升。

同样作为一支历史厚重、功勋卓著的轰炸机部队，中部战区空军航空兵某师“神威大队”官兵在学习飞行二大队事迹后，倍感振奋。飞行员王亚雄说：“要在任务面前抢着上、困难面前不低头、急事面前勇担当，发扬敢于挑战、敢于突破的血性胆魄，确保部队上得去、打得赢。要深刻认识科技之变、战争之变、对手之变，将手中武器装备摸透、战法训法研明，推动部队转型发展再上新台阶。”

导弹转运吊装、调试相关参数、高效配合测试……火箭军某旅展开了一场导弹装填测试模拟训练，官兵密切协同配合，最终圆满完成任务。“我们要以‘时代楷模’为榜样，时刻紧绷备战打仗之弦，提升实战技能。”二级军士长朱红军表示，“新型号导弹科技含量高、仪器精细化程度高，我们要强化创新思维，不断提升实操技能。”

“飞行二大队成立至今，为党和人民守护好祖国的蓝天，坚决捍卫国家主权和安全，是我们学习的榜样。”战略支援部队通信兵某部一级上士易升富表示，“作为新时代的通信兵，我和战友们会认真学习榜样，在三尺机台上坚守良好的值勤作风，保持严谨认真的态度，保证线路畅通，高标准地完成通信保障任务，为服务备战打仗作出更多贡献，真正做到‘银线架四方，电波震长空’。”

“我们医院跟飞行二大队一样，都是从抗美援朝战争的烽火硝烟中走

■ 空军航空兵某团飞行二大队飞行员准备夜间飞行（余红春 摄）

来。虽然任务不同，但保家卫国的使命是一致的。”沈阳联勤保障中心第966医院政委侯廷可说，“半个多世纪过去了，飞行二大队官兵传承英雄精神，锻造‘奋飞新时代的空中铁拳’。作为中国人民志愿军总医院的传人，必须赓续好‘一切为了前线、一切为了伤病员、一切为了胜利’的光荣传统，不断强化实战卫勤训练，确保随时拉得出、上得去、保得好。”

近年来，国防科技大学空天科学学院教员陈丁丁持续投入装备复合材料的战伤抢修研究，在教学工作中，坚持将“战场”带入课堂、将学生带到部队。陈丁丁说：“作为军校教员，要时刻牢记为战而研、向战而教，把全部精力投入练兵备战中，聚力攻关、潜心育人，努力服务国家高水平科技自立自强，为新域新质作战力量建设培育更多实用型人才。”

无人机超视距侦察，狙击手精确打击，突击组同步行动……武警安徽省总队黄山支队执勤一大队机动中队班长冯龙飞和战友们正在支队教导队驻训。训练间隙，官兵们学习讨论了飞行二大队的先进事迹。“要像飞行二大队官兵一样只争朝夕、奋发拼搏，面向实战、苦练精练，磨砺出更多特战利刃、反恐尖兵。”冯龙飞表示。

学习飞行二大队的先进事迹后，北京师范大学“优师计划”师范生李思懿说：“飞行二大队飞行人员平均年龄只有29岁，他们胸怀凌云壮志，搏击万里长空，为当代青年人树立了榜样与典范。作为新时代中国青年，我们要立大志、明大德、成大才、担大任，努力成为堪当民族复兴重任的时代新人，让青春在奋斗中绽放绚丽之花。”

《人民日报》2023 年 6 月 22 日

担当使命责任　建功伟大时代

——空军航空兵某团飞行二大队事迹引起强烈反响

刘济美　王文彬　高玉娇

近日，空军航空兵某团飞行二大队被中央宣传部授予“时代楷模”称号，他们的先进事迹经广泛宣传报道后引起强烈反响。

广大官兵认为，飞行二大队是有着光荣历史、卓著战功的英雄部队，是奋飞军事斗争一线、捍卫国家主权安全的空中铁拳，是“搏击长空心向党、飞行万里不迷航”的杰出代表。

大家表示，要以飞行二大队为榜样，不畏艰险、勇于创新，为如期实现建军一百年奋斗目标、开创国防和军队现代化新局面而努力奋斗。

“幸逢伟大时代，更不能辜负这个时代，我们要像飞行二大队官兵一样研透手中装备，加快改装新装备，加速战斗力生成。”空军航空兵某旅年轻飞行员王文毅表示，飞行二大队的成长是新时代空军部队转型跨越、加速腾飞的缩影，我们也要抓紧时间全力奔跑，接力奋进回馈时代。

时代的楷模，青春的榜样。飞行二大队的先进事迹激发了军校学员的昂扬斗志。

正在参加中国共产主义青年团第十九次全国代表大会的空军航空大

学学员何尔奇说："青春筑梦想，奋斗正当时。期待自己早日像飞行二大队的飞行员们一样建功蓝天。"陆军装甲兵学院学员祝子安说："飞行二大队能够攻坚克难，取得卓著成绩，关键是有强大的信仰支撑、明确的目标领航，离不开优良传统代代赓续、战斗精神人人相传。"年轻学员们一致表示，一定要像飞行二大队官兵那样矢志强军、担当作为，做到敢闯敢拼、能战胜战！

并肩作战，联合制胜。空军航空兵某旅歼击机飞行员刘俊倍说："要继续加强与不同军兵种的联合训练，拓展武器装备使用边界，以应对各类新风险、新挑战，完成好党和人民赋予的各项任务。"

浩瀚深蓝，海军南昌舰正组织多课目、高强度对抗训练，舰长于涛说："和其他军兵种交流越多、联训越多，越感到要加紧学习、加深研究、加力奔跑，为如期实现建军一百年奋斗目标砥砺奋进。"

在大江南北座座军营，飞行二大队的先进事迹掀起学习热潮。

■ 空军航空兵某团飞行二大队飞行员开展体育活动（余红春　摄）

正在某陌生地域操作新装备开展战术训练的陆军第 71 集团军某旅，利用训练间隙，组织官兵学习空军航空兵某团飞行二大队奋飞新时代的先进事迹。该旅政委王振栋表示：“作为拥有 56 面荣誉战旗的英雄劲旅，我们要以飞行二大队为标杆，开阔眼界，主动求变，聚焦时代发展与世界格局之变，紧盯未来战场战斗力建设需求，勇立转型潮头，担起应对强敌对手的时代重任，争当现代化新型陆军的胜战刀锋。”

海军徐州舰、空军“模范地空导弹营”、火箭军“东风第一旅”等部队官兵纷纷表示，要以飞行二大队为榜样，学习他们亮剑长空、敢于斗争、善于斗争的拼搏精神，在重大任务、实战实训中笃定忠诚担当、锤炼打赢本领，不断提升敢战胜战的实力底气，奋勇作为、再立新功。

“这才是老百姓心目中的偶像”“好样的，你们真棒”“致敬新时代英雄们”……网络平台上，飞行二大队的先进事迹引发广大网友的热烈讨论。一句“祖国利益所至，我们使命必达”，收获众多点赞。有网友留言，“有你们，我们才安心”。

新华社北京 2023 年 6 月 21 日电

在新时代新征程上赢得更加伟大的胜利

——空军航空兵某团飞行二大队先进事迹在社会各界引起热烈反响

刘小兵

“时代楷模”空军航空兵某团飞行二大队在人民空军战略转型征程上奋飞军事斗争一线、捍卫国家主权安全，在迈向世界一流的航程上磨砺新“锋刃”、铸就新“铁拳”。他们的先进事迹经宣传报道后，在广大干部群众和部队官兵中引起热烈反响。大家纷纷表示，要以他们为榜样，主动担当作为，勇于创新攻坚，向着党的二十大绘定的宏伟蓝图踔厉奋发、勇毅前行，在新时代新征程上赢得更加伟大的胜利。

“党的二十大报告明确指出，如期实现建军一百年奋斗目标，加快把人民军队建成世界一流军队，是全面建设社会主义现代化国家的战略要求。”国防大学政治学院教授陈岸然说，落实这一战略要求，必须坚持战斗力标准，聚焦备战打仗培养人才，造就一大批像空军航空兵某团飞行二大队这样的能征善战的先进典型。空军研究院研究员马权表示，强军新征程呼唤更多像空军航空兵某团飞行二大队一样的英雄群体，知重负重、加力奋飞，助力空军跑出转型建设加速度。

军事科学院军队政治工作研究院研究员董俊林感慨，空军航空兵某团飞行二大队坚持不懈用党的创新理论武装头脑，坚持不懈运用科技创新提升战斗力水平，坚持不懈在实战演训中磨砺战斗精神，在维护国家主权、安全、发展利益的斗争中书写精彩画卷。陆军指挥学院副教授郭强认为，空军航空兵某团飞行二大队一次次闯新路、建新功的先进事迹揭示出，科技创新没有休止符。必须坚持向科技创新要战斗力，不断提升科技创新对军队建设和战斗力发展的贡献率。“空军航空兵某团飞行二大队是敢打必胜、向战而行的‘空中铁拳’。”重庆大学马克思主义学院副教授魏强说，要从他们身上汲取强大的奋进力量，为扎实推进中国式现代化建设，实现党的二十大确定的目标任务而共同奋斗。

空军航空兵某团飞行二大队的先进事迹发布后，江西省军区第一时间组织广大官兵和民兵收听收看。大家表示，要深入学习贯彻习近平新时代中国特色社会主义思想，用听党指挥的坚定信念赓续红色血脉、践行强军事业。北部战区总医院官兵学习空军航空兵某团飞行二大队事迹后表示，要学习他们善于闯新路、勇于建新功的精神，着眼解决海防官兵就医的实际困难，为官兵便捷就医、康复保健提供坚实保障。

学习了空军航空兵某团飞行二大队的先进事迹后，海军航空大学某基地舰载机飞行教官群体倍感振奋。飞行教官孙宝嵩表示，全体舰载机飞行教官要像空军航空兵某团飞行二大队那样，在改革转型中积极作为，在探索新质战斗力征程中敢啃“硬骨头”，为培养更多航母舰载机飞行员，加快把人民军队建成世界一流军队不懈奋飞。空军指挥学院某学员大队专题学习空军航空兵某团飞行二大队先进事迹，激励学员向模范学习、当强军先锋。陆军装甲兵学院学员祝子安在深入学习空军航空兵某团飞行二大队的先进典型事迹后表示，作为军校学员，必须深入贯彻习近平强军思想，以“强国有我、强军有我”的雄心壮志，学好专业知识，提升能力素质。

中部战区空军航空兵某师“神威大队”学习空军航空兵某团飞行二

大队事迹报道后，官兵们使命感、责任感倍增。飞行员王亚雄感慨，要在任务面前抢着上、在困难面前不低头、在急事面前勇担当，确保部队随时拉得出、上得去、打得赢。火箭军某旅以多种形式组织官兵学习空军航空兵某团飞行二大队的先进事迹。该旅官兵纷纷表示，要像空军航空兵某团飞行二大队那样时刻把使命举过头顶，在国防施工一线练就“铁身板”、锻造“铁肩膀”、争当“铁拳头”。

广大网友纷纷为空军航空兵某团飞行二大队点赞。网友@逐梦深蓝1949423说，铸蓝天利剑，护家国安宁、百姓安康。网友@元亨利贞Y说，不论身处哪个岗位、承担哪种任务，新时代的革命军人都应该拿出“明知山有虎，偏向虎山行”的胆气和豪气，鼓足干劲，拼出闯劲，砥砺韧劲，在这个伟大的时代创造属于自己的光荣历史。

《光明日报》2023年6月21日

投身强军事业　建功伟大时代

——空军航空兵某团飞行二大队事迹引起热烈反响

解放军报记者

日前，空军航空兵某团飞行二大队被中央宣传部授予“时代楷模”称号。他们的先进事迹经宣传报道后，在全军部队引起热烈反响。广大官兵认为，该大队是有着光荣历史、卓著战功的英雄部队，是奋飞军事斗争一线、捍卫国家主权安全的空中铁拳，是“搏击长空心向党、飞行万里不迷航”的杰出代表。大家表示，要以“时代楷模”为榜样，不畏艰险、勇于创新，以实际行动建功新时代，为如期实现建军一百年奋斗目标、开创国防和军队现代化新局面而努力奋斗。

“飞行二大队的先进事迹，生动体现了在以习近平同志为核心的党中央领导下，新时代强军事业取得的历史性成就、发生的历史性变革，深刻反映了人民军队传承红色基因、赓续红色血脉的光荣传统，集中展示了全军部队学习强军思想、建功强军事业的时代风貌。”南部战区空军、火箭军某基地、海军某驱逐舰支队、新疆军区某团第一时间组织专题学习、座谈交流等活动，迅速掀起学习典型、争当先进热潮。广大官兵一致表示，要以“时代楷模”为榜样，深入学习贯彻习近平新时代中国特色社会主义思想和党的二十大精神，深刻领悟“两个确立”的决定性意义，增强“四个意识”、坚定“四个自信”、做到“两个维护”，贯彻军委主席负责制，更加紧密地团结在以习近平同志为核心的党中央周围，在习近平强军思想指引下，坚持党对人民军队的绝对领导，全面提高新时代备战打仗能力。

学习典型事迹，提升打赢本领。飞行二大队老一辈飞行员，首开人民空军航空轰炸作战样式先河。进入新时代，飞行二大队官兵坚持以战斗力标准为牵引，推动作战能力融入联合体系。空军某部“模范地空导弹营”、火箭军“东风第一旅”、第73集团军某旅、海军南昌舰等部队官兵表示，要紧盯科技之变、战争之变、对手之变，加快转型步伐，全面加强练兵备战，磨砺胜战刀锋。陆军某旅“松骨峰特功连”指导员彭陈说：“我们决不能躺在前辈功劳簿上坐享其成，必须不断创新突破，立足岗位再立新功。”

发扬斗争精神，坚定斗争意志。“飞行二大队敢于亮剑长空，不仅有善战的本领，更有必胜的信念、敢打的意志、顽强的作风。”江西省军区、沈阳联勤保障中心、第81集团军某旅、海军某潜艇支队、武警安庆支队官兵在学习讨论中表示，要在应对重大挑战、抵御重大风险、克服重大阻力、解决重大矛盾中锤炼斗争意志，不断“强底蕴”“蓄底气”。某野外驻训场，第71集团军某旅展开多课目、高强度连贯考核。走下考核场，官兵表示：“只有做到‘一不怕苦、二不怕死’，才能不断赢得胜利。”

使命催人奋进，荣光鼓舞人心。获此殊荣，飞行二大队所在部队官兵倍感振奋，纷纷表示，一定不负厚望、踔厉奋发、勇毅前行，不断提高攻坚克难、化解矛盾、驾驭复杂局面的能力。作为飞行二大队曾经的一员，空军航空兵某旅飞行员刘俊倍感骄傲，他说：“在新岗位上，我将继续传承和发扬大队光荣传统，加快提升打赢本领。”

投身强军事业，建功伟大时代。第83集团军某旅、海军某旅、战略支援部队某部、武警江苏总队、无锡联勤保障中心某部等部队官兵表示，要学习飞行二大队“强国有我、强军有我”的凌云壮志，以只争朝夕的紧迫意识、责无旁贷的担当精神不懈奋斗，以更强大的能力、更可靠的手段捍卫国家主权、安全、发展利益。

《解放军报》2023年6月23日，李建文　汪学潮　郭冬明　汪卫东　曹　壮　吴浩东　刘　波　汤　伟　时成帅　吴淮江　薛维高　鲍国俊　严　壮　李林阳　魏震宇　徐　晨　康世超等

评论

观点

为党奋飞　向战而行

黄　明　刘济美

战巡南海、前出西太、绕岛巡航……进入新时代，空军航空兵某团飞行二大队以习近平新时代中国特色社会主义思想为指导，深入贯彻习近平强军思想，紧盯未来空天战场锻造过硬能力，在人民空军战略转型的壮阔征程上飞出了不断延伸的时代航迹。他们是奋飞军事斗争一线、捍卫国家主权安全的空中铁拳，是“搏击长空心向党、飞行万里不迷航”的杰出代表。他们奋飞的航迹，生动诠释了全军部队学习强军思想、建功强军事业的火热实践和时代风貌。

这奋飞的航迹，彰显的是绝对忠诚的政治品格。70余年前，这支人民空军首批组建、首支参战、首立战功的轰炸航空兵大队，曾在抗美援朝战争中取得辉煌战绩。70余年来，“听党话、为党飞”的信念，以及在血脉荣光中所积淀形成的优良传统，已深植于飞行二大队一代代官兵的内心，激励着他们攻坚克难、砥砺前行。坚持党对人民军队的绝对领导，确保部队绝对忠诚、绝对纯洁、绝对可靠，这正是人民军队从小到大、由弱到强、从胜利走向胜利的灵魂和命脉所在。

这奋飞的航迹，刻印的是决胜空天的打仗本领。打赢未来战争，是

■ 空军航空兵某团飞行二大队飞行员驾机完成远海训练返航（李晓松　摄）

生来为战胜的军人新时代必答题。飞行二大队把目光聚焦未来空天战场，紧盯科技之变、战争之变、对手之变，在学习中探寻制胜机理，在创新中突破“瓶颈”桎梏，在联合中增加打赢胜算，圆满完成各项重大军事任务，实现部队战斗力高质量发展。作为新时代革命军人，只有以未来战场需求牵引备战训练，才能把胜战的能力练实练强。

这奋飞的航迹，熔铸的是英勇顽强的战斗作风。飞行二大队发扬伟大的爱国主义精神和革命英雄主义精神，以舍我其谁的责任感、时不我待的紧迫感，全面加强练兵备战，发扬斗争精神，敢于亮剑长空，圆满完成南海战巡、前出岛链、绕台岛飞行等重大任务，充分展示了敢打必胜的血性铁骨。大无畏的英雄气概和英勇顽强的战斗作风，永远是人民军队克敌制胜的法宝。

一代人有一代人的使命，一代人有一代人的担当。今天，强军兴军的接力棒交到新时代官兵手中，广大官兵要扛起属于新时代革命军人的使命，学习空军航空兵某团飞行二大队官兵的先进事迹，坚决听党话、跟党走，以勇于担当的拼搏精神，全面提高新时代备战打仗能力，积极投身强军实践，坚决完成好党和人民赋予的各项任务，为如期实现建军一百年奋斗目标、开创国防和军队现代化新局面而努力奋斗。

新华社广州 2023 年 6 月 19 日电

奋飞航迹书写使命担当

康子湛　李建文　岳雨彤　张　雷

“风之积也不厚，则其负大翼也无力。”乘着新时代的浩荡长风，空军航空兵某团飞行二大队的奋飞航迹，书写着一支部队的使命担当，展现出人民空军的崭新英姿，折射着人民军队的强军风采。

习主席深刻指出，国防和军队现代化进程必须同国家现代化进程相适应，军事能力必须同实现中华民族伟大复兴的战略需求相适应。飞行二大队官兵的奋斗历程启示我们，如期实现建军一百年奋斗目标，加快把人民军队建成世界一流军队，必须深入贯彻习近平强军思想，积极适应大时代、大趋势、大战略，在改革转型中积极作为；必须紧盯科技之变、战争之变、对手之变，刻苦训练，积蓄实力，让手中的国之重器变为无坚不摧的制胜利器；必须重塑素质结构，在改装信息化装备中打造一代新人，以“强国有我、强军有我”的凌云壮志，探索新质战斗力生成的最佳路径。

风正潮平，自当扬帆破浪；任重道远，更须扬鞭策马。站在新的历史起点上，全军官兵应以只争朝夕的紧迫意识、责无旁贷的担当精神，不负重托、不懈奋斗，以更强大的能力、更可靠的手段捍卫国家主权、安全、发展利益。

《解放军报》2023 年 6 月 20 日

永不迷航才能逐梦远航

——空军航空兵某团飞行二大队先进事迹启示录①

张方军

蓝天铸忠诚，奋飞新时代。

空军航空兵某团飞行二大队是奋飞军事斗争一线、捍卫国家主权安全的空中铁拳，是“搏击长空心向党、飞行万里不迷航”的杰出代表。该大队官兵维护核心永不迷航、坚定决心为国巡航、不忘初心逐梦远航的先进事迹，深刻反映了人民军队传承红色基因、赓续红色血脉的光荣传统，集中展示了全军部队“学习强军思想、建功强军事业”的时代风貌。

“人之忠也，犹鱼之有渊，鱼失水则死，人失忠则凶。”党旗所指，军旗所向，军人所赴。一代代人民子弟兵之所以信仰上不迷茫、思想上不迷航、行动上不迷向，就在于坚定不移听党话、跟党走，有一颗“党叫干啥就干啥”的赤诚之心，“赴汤蹈火而不辞，刀锯鼎镬而不惧”。70 多年前，这支人民空军首批组建、首支参战、首立战功的轰炸航空兵大队，曾在抗美援朝战争中取得辉煌战绩。70 余年来，为党奋飞、向战而行的坚定信念，已深植于该大队一代代官兵内心深处，成为他们的精神支柱。

■ 空军航空兵某团飞行二大队飞行员在飞机前合影（余红春　摄）

习主席指出，对党忠诚必须始于足下。对党绝对忠诚，从来不是抽象的概念、纸上的口号，而是心头的信念、脚下的行动，体现在共产党人的一言一行、一举一动中，落实在共产党人的每一次选择、每一份坚守中。天下至德，莫大乎忠。该大队官兵高飞远航、矢志强军，勇于担当、不辱使命，全面提高新时代备战打仗能力，把忠诚扎根在思想上、落实在行动上，用青春和热血写就绝对忠诚、绝对纯洁、绝对可靠的时代新篇。

“舟循川则游速，人顺路则不迷。”我们要向该大队官兵学习，把忠诚基因融入血脉、注入灵魂，烙印于心、见之于行，进一步铸牢绝对忠诚的政治品格、锻造决胜空天的打仗本领、培养英勇顽强的战斗作风，坚决完成好党和人民赋予的各项任务。

《解放军报》2023 年 6 月 25 日

千锤百炼才能一剑封喉

——空军航空兵某团飞行二大队先进事迹启示录②

杨 欢

“千百次砥砺刀锋，只为关键时刻一击即中。”空军航空兵某团飞行二大队坚持把备战打仗作为第一要务，大力推进战训耦合、体系练兵、科技练兵，加快推进军事训练转型升级，全面提高实战能力，圆满完成南海战巡、前出岛链、绕台岛飞行等重大任务，被誉为“奋飞新时代的空中铁拳”。

“有兵不练，与无兵同；练而不实，与不练同。”一把好剑，千锤百炼才能锋芒毕露，关键时刻才能一剑封喉。一支部队只有坚持战训一致、以战领训，在近似实战环境下摔打锤炼，才能做到全时待战、随时能战。该大队深入开展“研究战争、研究战场、研究对手，找敌我差距、找敌人命门、找克敌绝招”的“三研三找”活动，瞄准强敌练就制胜本领，聚焦实战锤炼打赢硬功，使作战能力实现由近海向远海、由单元向体系、由昼间向全时段跃升。

“练兵若难，进军就易；练兵若易，进军则难。”近年来，该大队率先展开夜间轰炸射击等实战化课目训练，实弹打到边界、远海飞到尽远，最低气象条件起降、远海突防突击等一批险难课目练成了“家常饭”。只要每名官兵敢于追求训练极致、突破训练极限，把“手中活”练得更精、把“必杀技”练得更强，就一定能成为敢打必胜的“刀尖子”、攻坚克难的“冲锋队”。

“风之积也不厚，则其负大翼也无力。”打仗硬碰硬，训练必须实打实。战歌《一切为打赢》唱得好：“枪要天天擦，刀要天天磨，当兵习武咱没呀没得说，仗要怎么打呀，兵就怎么练……”学习该大队的先进事迹，必须紧贴作战任务、作战对手、作战环境，瞄准战斗力生成的薄弱点、关键点和增长点，从难从严摔打部队，练好胜战之功、保持待发之势。

《解放军报》2023 年 6 月 26 日

“首”字当头才能闯出新路

——空军航空兵某团飞行二大队先进事迹启示录③

苏　稳

首建新功、首用必胜……空军航空兵某团飞行二大队有一面浮雕文化墙，上面 24 个以“首”字开头的词语，无声彰显着飞行二大队创造的一项项纪录、铸就的一个个辉煌。浮雕正中央，是一个遒劲有力的“首”字。正是这种“首”字当头、敢闯敢拼的精神，让大队官兵一次

■ 空军航空兵某团飞行二大队飞行员驾机蓄势待发（吴龙飞　摄）

次站上通往胜战的新起跑线。

“首”字背后，是披荆斩棘、不畏艰险，是勇闯新路、探索未知。“首”，也是该大队自组建之日起融入血脉的作风传承，更是他们在战火硝烟中熔铸出的鲜明标志。战场竞争是最残酷的竞争，军事对抗是最激烈的对抗，军事领域是最需要创新的领域。“未来战场环境变幻莫测，要想打赢，就得想别人没想过的，做别人没做过的。”飞行二大队官兵善闯新路、勇建新功，探索出一条战斗力快速生成的转型之路。换装轰-6K战机后，他们首飞不到7个月，即执行南海战巡任务；首飞不到10个月，就前出第一岛链遂行远海任务。打赢的铁拳越攥越紧，越挥越有力。

“按部就班永远只是追赶者，敢于创新才能成为领航者。”决胜未来战场，没有现成的经验可搬，没有固定的模式可套，只有大胆试、大胆闯，才能将一个个“不可能”变为“可能”。飞行二大队在强军兴军征程上潜心砺剑、自我超越，有许多敢于尝试的“第一次”，展现出“敢为天下先”的气魄、“不到长城非好汉”的决心和“虽千万人吾往矣”的胆识。他们深知，“没有一成不变的胜利，只有不断地创新突破”。

百舸争流，奋楫者先。全军官兵应学习飞行二大队敢为人先、勇于冒尖，崇尚创新、有我无敌的精神，紧盯科技之变、战争之变、对手之变，准确把握现代战争制胜机理，掌握新装备、提高新技能、探索新战法，人人争当创新的推动者和实践者，让创新之火在战位燃烧，让创新之花在军营绽放。

《解放军报》2023年6月27日

加力奋飞才能担当重任

——空军航空兵某团飞行二大队先进事迹启示录④

孙军涛　孙国林

“掐着倒计时、跑出加速度、飞出使命感”，是空军航空兵某团飞行二大队官兵精神状态和战斗姿态的真实写照。距离实现建军一百年奋斗目标只有短短几年时间，迫切需要我们像飞行二大队官兵一样，以只争朝夕、奋发有为的实干姿态更好完成新时代使命任务。

党的二十大对国防和军队建设作出战略部署，强调要如期实现建军一百年奋斗目标。这是人民军队必须扛起的时代重任、交出的历史答卷。“胜利不会向我们走来，我们必须自己走向胜利。”时间紧迫、使命催征，飞行二大队官兵锚定目标、加力奋飞。面对全新升级的武器装备，飞行二大队首批飞行员不到3个月就完成改装，首飞不到7个月即执行战巡任务，首飞不到10个月就出第一岛链遂行远海任务。

推进实现建军一百年奋斗目标，是关系我军建设全局的一场深刻变革。每个领域、每个系统、每个岗位、每名官兵，都要朝着这个目标聚焦用力。70余年前，飞行二大队刚组建时，上级明确要求“加速飞行员的训练，争取早日参加战斗”。不到1年，他们就飞赴抗美援朝战场，打出“全摧毁、零战损”的辉煌战绩。今天，“早日参加战斗”依然是飞行二大队官兵的座右铭，人人立足战位，在强军征途上潜心砺剑、不断超越。

风正潮平，自当扬帆破浪；任重道远，更须扬鞭策马。广大官兵要锚定建军一百年奋斗目标，积极担当作为，勇于攻坚克难，聚力破解备战打仗的突出短板、规划执行的堵点卡点、单位建设的老大难问题，确保交出高质量答卷。

《解放军报》2023 年 6 月 29 日

视频链接

中央宣传部授予空军航空兵某团飞行二大队“时代楷模”称号

在全党全军全国各族人民深入学习贯彻习近平新时代中国特色社会主义思想和党的二十大精神，团结奋进强国建设、民族复兴新征程之际，中央宣传部向全社会宣传发布空军航空兵某团飞行二大队先进事迹，授予他们“时代楷模”称号。

空军航空兵某团飞行二大队是人民空军首批组建、首支参战、首立战功的轰炸航空兵大队，曾在抗美援朝战争中取得辉煌战绩。新时代以来，该大队官兵以习近平新时代中国特色社会主义思想为指导，深入贯彻习近平强军思想，坚持党对人民军队的绝对领导，贯彻新时代军事战略方针，紧跟空军战略转型步伐，常态围绕“人民空军党缔造、人民空军忠于党”开展教育，听党话、为党飞的信念深植官兵内心。该大队坚持以战斗力标准为牵引，探索优化人才培养模式，推动作战能力融入联合体系，总结多套战法在近似实战环境中得到验证并在部队推广。该大队全面加强练兵备战，发扬斗争精神，敢于亮剑长空，圆满完成南海战巡、前出岛链、绕台岛飞行等多次重大任务，被誉为“奋飞新时代的空中铁拳”，被空军评为“四铁”先进基层单位、先进基层党组织，荣立集体一等功1次。

空军航空兵某团飞行二大队的先进事迹经宣传报道后，在全社会引发强烈反响。广大党员干部和高校师生认为，该大队是有着光荣历史、卓著战功的英雄部队，是奋飞军事斗争一线、捍卫国家主权安全的空中铁拳，是“搏击长空心向党、飞行万里不迷航”的杰出代表。他们的先进事迹，生动体现了在以习近平同志为核心的党中央领导下，新时代强军事业取得的历史性成就、发生的历史性变革，深刻反映了人民军队传承红色基因、赓续红色血脉的光荣传统，集中展示了全军部队学习强军思想、建功强军事业的时代风貌。广大官兵一致表示，要以“时代楷模”为榜样，深入学习贯彻习近平新时代中国特色社会主义思想和党的二十大精神，深刻领悟“两个确立”的决定性意义，进一步增强“四个意识”、坚定“四个自信”、做到“两个维护”，贯彻军委主席负责制，更加紧密地团结在以习近平同志为核心的党中央周围，在习近平强军思想指引下，坚持党对人民军队的绝对领导，全面提高新时代备战打仗能

■ 2023年6月，中央宣传部授予空军航空兵某团飞行二大队“时代楷模”称号

力，坚决完成好党和人民赋予的各项任务，为如期实现建军一百年奋斗目标、开创国防和军队现代化新局面而努力奋斗。

"时代楷模"发布仪式现场宣读了《中共中央宣传部关于授予空军航空兵某团飞行二大队"时代楷模"称号的决定》，播放了反映该大队先进事迹的短片，中央宣传部负责同志为该大队代表颁发了"时代楷模"奖牌和证书。中央军委政治工作部、空军负责同志，以及部队官兵、首都高校师生和少先队员代表参加发布仪式。

新华社北京 2023 年 6 月 20 日电

扫码观看发布仪式
《时代楷模发布厅》

编　辑：孙　岭　王　燕　邓　晶
　　　　孟　琛　黎　甜　巩　雪
　　　　张薏谨

中央电视台，2023 年 6 月 20 日